Die lieben Geschwister

Doro Kammerer

Die lieben Geschwister

Ihre Rivalität verstehen –
ihren Zusammenhalt stärken

Mosaik

Doro Kammerer schreibt als freie Autorin – u.a. für die Zeitschrift ELTERN – zu den Themenschwerpunkten Medizin, Psychologie und Familie. Sie hat drei Kinder. Im Mosaik Verlag sind von ihr bisher erschienen: »Frühchen brauchen Wärme« und »Guter Rat für Zwillings-Eltern«. Sie lebt mit ihrer Familie bei München.

Bildnachweis:
G. Burbeck: 80, 90
Explorer/Nacivet: 67; –/Trois: 43, 55; –/Villeger: 29, 63; –/Wysocki: 78
Picture Press/Raith: 34/35
N. Schäfer: 10/11, 20/21, 27, 32, 37, 39, 49, 53, 75, 82/83, 86
T. Stone/Bernager: 61, 68/69; –/Bissell: 7, 73; –/Cade: 15; –/Correz: 9; –/Fisher: 57; –/Freeman: 50/51; –/Grey: 89; –/Gumpel: 38; –/Peek: 93; –/Polollio: 25; –/Thatcher: 19

© 1999 Mosaik Verlag München
  in der Verlagsgruppe Bertelsmann GmbH/ 5 4 3 2 1
Redaktion: Monika König/Beatrix Heeg
Lektorat: Henriette Zeltner
Bildredaktion: Elisabeth Franz
Umschlaggestaltung: Design Team München
Umschlagfoto: ZEFA/Frank Simonetti
Layoutentwurf: Büro für Gestaltung, Dietmar Meyer, Friedhelm Ott,
  Hamburg
Layoutdurchführung: Buchmacher Bär, Freising
Reproduktionen: Artilitho, Trento
Druck: Alcione, Trento
Bindung: Ecoprint, Lavis - Trento
Printed in Italy
ISBN 3-576-11100-X

Inhalt

	Geschwister: Brüderlich mit Herz und Hand?	8
I.	**Ein Bauch wächst heran**	**11**
	Probleme in der Schwangerschaft –	
	was wird aus dem Großen?	13
	Wie erlebt ein Kind sein ungeborenes Geschwisterchen?	14
	»Wenn das Baby da ist …«	16
	Die Wut auf die Mutter: Denkanstöße	16
	Väter! Euer Auftritt!	18
II.	**Der Thron wackelt**	**21**
	Der Zweites-Kind-Schock	22
	»Schafft das blöde Baby wieder ins Krankenhaus!«	23
	Wenn das große Kind wieder Baby sein will	24
	Arbeitsbeschaffungsmaßnahmen:	
	Balsam für die Kinderseele	26
	Eifersuchts-Attacken: Und da soll man ruhig bleiben?	28
	Wenn Mütter explodieren	30
	Die unbekannten Gesichter der Eifersucht	31
	Vaterliebe – noch nie war sie so wertvoll!	32
III.	**Wenn das Zweite mächtig wird**	**35**
	Was lange gärt, wird endlich Wut	38
	Das muß täglich sein:	
	Exklusiv-Termin fürs Erstgeborene	40
	Erste gemeinsame Spiele	40
	Wenn das Erste nicht mehr das Beste ist	41
	Geschwisterliebe – gibt es die überhaupt?	42
	Familie werden ist nicht schwer,	
	Familie sein dagegen sehr	44
	Geschwister: Hier gibt's die ganze Palette der Gefühle	45
	Geschwister als Babysitter: das Aus für die Liebe?	46
	Können Eltern Geschwisterliebe fördern?	47
	Geschwister spielen am liebsten »Vater, Mutter, Kind«	48
IV.	**Fürs Leben lernen**	**51**
	Freie Fahrt für Lebens-Gefühle	52

INHALT

»Kannst du deiner Schwester nicht mal helfen?« 54
Was heißt hier »brüderlich« teilen? 55
Brüderchen und Schwesterchen:
    Was ist mit dem kleinen Unterschied? 56
Konfliktbewältigung: Hier werden Grundsteine gelegt 59
Die Rollenverteilung in der Familie prägt 61
Der ewige Verlierer 64
Das begnadete Geschwister 65

V. Kein Kind ist wie das andere 69
Von Anfang an ein »fertiger« Mensch 70
»Nimm dir doch mal ein Beispiel …« 72
Die Mutlosen und Unterdrückten 74
Ein Kind lernt sich selbst kennen 76
Gerechtigkeit: Gleichmacherei ist nicht gefragt 77
…und man bevorzugt doch! 79
Heute schon gelobt? 81

VI. Nervtöter Streit 83
Warum uns Dissonanzen so erschrecken 84
Geschwisterstreit = Elternstreit? 87
Wenn Streit in der Luft liegt 88
Wann muß man eingreifen, wann sich raushalten? 90
Selbstsichere Kinder brauchen weniger Streit 92
Zum guten Schluß: Streit ist so wichtig! 94

Register 95

Brüderlich mit Herz und Hand?

Geschwister: Keine Wahlverwandtschaft!

Geschwister können sich einander nicht aussuchen. Geschwister müssen miteinander leben, ob sie wollen oder nicht. Geschwister sind einander oft im Weg, sie konkurrieren tagaus, tagein um den besten Platz in der Elterngunst. Weshalb also erwarten wir von ihnen, daß sie wie Brüderchen und Schwesterchen zueinander stehen, daß sie ein Herz und eine Seele sind? Weshalb macht es uns so verzweifelt, daß Neid und Mißgunst, Zankereien und Gemeinheiten den Geschwister-Alltag manchmal mehr bestimmen als Zärtlichkeit, Solidarität und Großzügigkeit?

Als ob Geschwisterschaft von Natur aus mit Gefühlen wie Loyalität, Kooperation, Mitgefühl und Vertrauen – und nur mit diesen! – einherginge. Dabei sind die meisten von uns selbst Schwester oder Bruder, und wir wissen, daß das Geschwisterleben manchmal ganz scheußliche Dissonanzen hervorbringt.

Geschwister zu sein heißt, um die Liebe derselben Menschen zu kämpfen

Wenn wir unseren Kindern helfen wollen, eine gute Geschwisterbeziehung zu entwickeln, sollten wir zuerst verstehen, daß sich Geschwister nicht lieben müssen, ja oft nicht lieben können. Und wir sollten einsehen, daß sich unsere Kinder nicht mögen müssen, *weil* sie Geschwister sind, sondern daß sie vielleicht durch unsere Unterstützung herzliche Gefühle füreinander entwickeln können, *obwohl* sie Geschwister sind.

1. Ein Bauch wächst heran

Das Glück seiner Eltern über eine neue Schwangerschaft kann und muß ein Kind nicht unbedingt nachempfinden

I.

EIN BAUCH WÄCHST HERAN

Geschwister zu haben,
ist nicht nur ein Vergnügen

Es macht Spaß, mit Geschwistern aufzuwachsen – keine Frage. Ein Geschwister zu bekommen, ist dagegen (zumindest für kleinere Kinder) weniger lustig. Die geliebten Eltern »gehen fremd«, das bedeutet Angst, Schmerz und Enttäuschung. Besonders hart trifft das Erstgeborene, die die elterliche Liebe ganz für sich allein genießen konnten und geglaubt haben, daß das immer so bleiben würde.

Die meisten Erziehungsfachleute empfehlen, von dem neuen Baby zu erzählen, sobald man von der Schwangerschaft weiß. Denn – so die Begründung – selbst wenn eine Mutter von sich glaubt, daß man ihr nichts anmerkt, sendet sie unbewußt Signale aus, die natürlich auch von ihrem Kind aufgenommen, aber ohne entsprechende Aufklärung nicht verarbeitet werden können.

Kinder spüren jede Veränderung

Den Neuankömmling
nicht lange verschweigen

Was zusätzlich dafür spricht, von Anfang an »klare Verhältnisse« zu schaffen: Man weiß heute, daß Eltern in dem Moment, in dem die erneute Schwangerschaft feststeht, in ihren Köpfen ein Bild von dem zukünftigen Familienmitglied zeichnen, wie es wohl aussehen wird, welches Temperament es wohl mitbringt, usw. Phantasien und Wünsche brechen sich Bahn, man sieht sich bereits als vierköpfige Familie. Diese Vorfreude, diese Umstimmung auf eine neue Familiendynamik kann auch dem Erstgeborenen nicht verborgen bleiben.

Eltern machen sich ein
Bild von ihrem Ungeborenen – und verändern sich

Wenn ein Kind Veränderungen wahrnimmt, ihm aber eine Erklärung vorenthalten wird, kann das Ängste und Verunsicherung auslösen. Bei psychischem Streß reagieren Kinder deshalb sehr oft mit verschlüsselten Botschaften, d. h., sie legen anscheinend unerklärliche Verhaltensweisen (z. B. Aggressivität und Launenhaftigkeit) an den Tag oder bekommen gesundheitliche Beschwerden, für die man keine organische Ursache feststellen kann.

So gibt es zahlreiche Beispiele von »ahnungslosen« Erstgeborenen, die während der Schwangerschaft der Mutter psychosomatische Symptome (Hautjucken, Bauchschmerzen, Kopfweh, Schlafstörungen u. a.) entwickelt haben. Den Eltern schien es undenkbar, daß das mit dem Ungeborenen zu tun haben sollte. »Aber unser Kind weiß doch gar nichts!« sagten sie in der Sprechstunde des Kinderarztes oder in der psychologischen Beratungsstelle. Kinder sind wie kleine Seismographen. Sie spüren jede »Eschütterung« im Familiensystem. Eltern können weder kleinen noch großen Kindern etwas vormachen.

PROBLEME IN DER SCHWANGERSCHAFT

Nicht das Blaue vom Himmel herunterschwärmen!

Die Botschaft vom Baby sollte man nur gelegentlich ins Gespräch einfließen lassen, beispielsweise: »Schau mal, in diesen süßen, kleinen Strampler hast du auch mal reingepaßt. Und wie groß du jetzt schon bist! ... Den heben wir für das Baby auf« oder »Wenn das Baby kommt, ist es Sommer, und dann können wir wieder viel im Sandkasten spielen!«

Wenn es im Verwandten- oder Freundeskreis ein Baby gibt, kann man einen Besuch zum Anlaß nehmen, von der Hilflosigkeit so eines kleinen Menschen zu erzählen und hervorzuheben, wieviel das Erstgeborene dagegen schon kann.

Angst vor Liebesverlust zeigt sich oft verschlüsselt

> UM FALSCHEN HOFFNUNGEN VORZUBEUGEN: Die verbale Vorbereitung auf das Geschwisterchen ist keine zuverlässige Eifersuchts-Prophylaxe nach dem Motto: »Du hast es doch gewußt! Wieso benimmst du dich denn jetzt so unmöglich?« Wie das Kind gefühlsmäßig auf den Neuankömmling reagieren wird, kann man in keiner Weise vorhersehen.

Illusionen-Machen gilt nicht! Manche Eltern wollen dem Erstgeborenen das neue Baby schmackhaft machen, indem sie es als tollen Spielkameraden anpreisen. Das ist frech gelogen, denn wir wissen alle, wie lange es dauert, bis so ein hilfloser Wurm zu einem halbwegs tauglichen Spielgefährten herangewachsen ist. Mit solchen Zukunftsvisionen wird nichts als eine bittere Enttäuschung vorprogrammiert. Das Baby selbst bringt für das Erstgeborene schließlich zunächst kaum Vorteile, dafür jede Menge Nachteile.

Eifersucht kann man nicht verhindern

Probleme in der Schwangerschaft – was wird aus dem Großen?

Die ersten Wermutstropfen des Verzichts müssen die meisten Mütter ihren Kindern schon in der Endphase der Schwangerschaft einflößen. Da reckt das Kind weinend seine Ärmchen nach der Mutter, und ihr

Die lieben Geschwister   **13**

I.

EIN BAUCH WÄCHST HERAN

Wenn es einer Mutter schlecht geht, steht ihr Hilfe zu

fällt sofort die ärztliche Mahnung ein, nicht mehr schwer zu heben oder zu tragen. Jetzt gilt es, Kompromisse zu finden: In diesem Fall kann sich die Mutter auf einen Stuhl setzen, das Kind auf den Schoß nehmen und es zärtlich wiegen. Das Heben im Sitzen belastet den Beckenboden und die Bänder nicht so stark.

In manchen Familien wirft das zweite Baby noch viel deutlichere Schatten voraus. Schwangerschaftserbrechen, Blutungen und vorzeitige Wehen können eine Mutter Wochen oder gar Monate außer Gefecht setzen. Wenn es der werdenden Mutter sehr schlecht geht, braucht sie Hilfe. Und nicht nur sie. Auch für das Kind ist es wichtig, daß es eine weitere liebe- und verständnisvolle Bezugsperson hat.

> **IHR GUTES RECHT:** Wenn eine Frau keine einsatzfähigen Verwandten oder Freunde hat, sollte sie sich vom Arzt eine Bescheinigung ausstellen lassen, daß sie eine zusätzliche Hilfe braucht. Das gleiche gilt für den Fall, daß sie ins Krankenhaus muß. Die gesetzliche Krankenkasse bezahlt eine Haushaltshilfe für die Zeit der Abwesenheit der Mutter, wenn in dem betreffenden Haushalt Kinder unter acht Jahren leben und niemand aus der Verwandtschaft einspringen kann. Man kann sich selbst jemanden suchen (mit dem man bis zum 2. Grad nicht verwandt sein darf), oder man wendet sich an karitative Organisationen.

Wie erlebt ein Kind sein ungeborenes Geschwisterchen?

Ultraschallbilder vom Ungeborenen sind für die meisten Kinder uninteressant

Was kann man tun, um einem kleinen Kind das Geschwister im Bauch nahezubringen? Eine gute Möglichkeit: Man nimmt Papier und Stift zur Hand und malt den Bauch mit dem Baby drin. Gerade die Einfachheit dieser Zeichnungen ist es, die in dieser Altersstufe Bilder verständlich macht. Viele Kinder beginnen dann von sich aus, »Kugeln mit Inhalt« zu malen. Wenn man Photos oder Filme aus der ersten Schwangerschaft hat, kann man die dem Kind zeigen und er-

DAS UNGEBORENE GESCHWISTERCHEN

zählen, daß es selbst so im Bauch gelegen hat.

Allen Kindern kann man erzählen, daß das Baby manchmal am Daumen lutscht, manchmal Schluckauf hat (das kann man auch vorführen!), daß es auch schon pieselt, ab und zu strampelt, sich dehnt usw. Manchmal hat der Bauch eine imposante Beule, und man kann erzählen, daß das Baby gerade den Popo herausstreckt, sein Fäustchen oder den Fuß.

Fast alle Kinder stellen eines Tages die Frage, wie denn das Baby herauskommen wird. Das kann man erzählen und mit einfachen Zeichnungen erklären. Für Kinder, die es ganz genau wissen wollen, ist das preisgekrönte, aus dem Schwedischen übersetzte Buch »Peter, Ida und Minimum. Familie Lindström bekommt ein Baby« (Verlag Otto Maier) geeignet. Eltern sollten solche Bücher anfangs immer gemeinsam mit ihren Kindern ansehen.

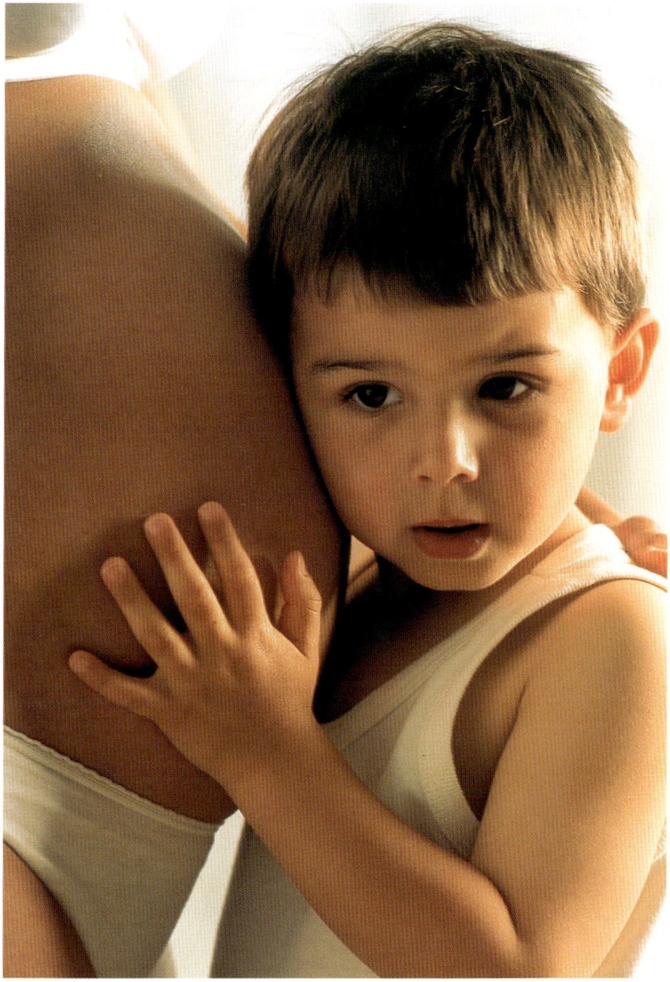

Die Bewegungen des Geschwisters unter Mamas Bauchdecke kann auch ein Kind schon fühlen

NOCH EIN TIP: Wenn man sich zusammen mit dem Kind ins warme Badewasser legt, kann das ein besonders eindrucksvolles Erlebnis sein. Die Bauchdecke entspannt sich, das Baby wird munter, und die Bewegungen unter der Bauchdecke sind lustig anzuschauen.

I.

EIN BAUCH WÄCHST HERAN

»Wenn das Baby da ist …«

Allzuviel Rücksicht kann man vom Erstgeborenen nicht erwarten

Jede Mutter wünscht sich, daß ihr Kind ihre liebevollen und zärtlichen Gefühle dem Ungeborenen gegenüber teilt. Und viele Mütter wünschen sich auch – zumeist eher unbewußt –, daß ihr Kind etwas Rücksicht auf sie nimmt. Diese Wünsche gehen nicht immer in Erfüllung.

Die Realität: Von der zärtlichen Annäherung an den Bauch bis zu Morddrohungen muß man sich auf alles gefaßt machen. Eine Mutter berichtet, daß ihr erster Sohn schon vor der Geburt des zweiten ankündigte, daß er ihn mit dem Messer zerstückeln werde. Häufig werden dann auch Puppen oder Plüschtiere demonstrativ roh behandelt.

So etwas macht Angst. Hier das kleine Würmchen im Bauch, dort die wüsten Drohungen des Geschwisters. Klare Gedanken fallen da schwer, zumal die Schwangerschaft eine Phase der Sensibilisierung ist. Trotzdem sollte man das Mißhandeln einer Puppe tolerieren, denn das Kind tut etwas ganz Nützliches: Hier werden Aggressionen unschädlich ausgelebt. Auch dann, wenn die Wut sich sogar in der Zerstörung einer Puppe oder eines anderen Spielzeugs ausdrückt.

Schon vor der Ankunft des Geschwisters »brodelt« es in manchen Kindern

Wenn kleine Kinder etwas zerstören, dann hat das eine völlig andere Bedeutung als zerstörerisches Tun eines Erwachsenen. Ein Kind, das sein Auto gegen die Wand geworfen hat und dem dadurch ein Rad abgebrochen ist, trägt sein Spielzeug zu Vater oder Mutter, weil es überzeugt ist, daß er oder sie alles wieder heil machen kann. Wenn Erwachsene etwas kaputtmachen, dann soll das auch kaputt bleiben.

Am besten versucht man, die Zerstörungswut einigermaßen gelassen zu sehen. Auf Strafen und Drohungen sollte man in jedem Fall verzichten. Sie könnten dem Kind bestätigen, wovor es sich so fürchtet: Mama und Papa haben mich immer weniger, das Baby immer mehr lieb.

Die Wut auf die Mutter: Denkanstöße

Theoretisch weiß jede Mutter, daß die Situation für das werdende Geschwister nicht einfach ist, doch wenn man selbst angegriffen wird, reagiert man oft ratlos, wütend und verletzt zugleich.

WUT AUF DIE MUTTER

Wenn das Große der Mutter in den Bauch boxt, sie beißt oder haut, kann sie das natürlich nicht hinnehmen. Niemand läßt sich gerne malträtieren, und man wird dem Kind klipp und klar sagen, daß das weh tut. Darüber hinaus sollte man aber auch Verständnis für die momentane Angst und Unsicherheit äußern und gleichzeitig das Kind bitten, die Mutter zu trösten. So eine Reaktion fällt nicht unbedingt leicht, aber durch dieses (vorbildhafte) Verhalten kann man schon jetzt etwas für eine gute Geschwisterbeziehung tun:

ES HILFT, WENN MAN
- immer wieder offen von den eigenen Gefühlen sprechen kann. Das fördert beim Kind die Fähigkeit, sich in einen anderen Menschen hineinzuversetzen.
- nicht nur in der Lage ist, sich in die Gefühle des Kindes hineinzuversetzen, sondern das dem Kind auch vermitteln kann (»Ich weiß, wie du dich fühlst!«).
- dem Kind eine Chance gibt, etwas wiedergutzumachen, indem es Trost spendet.

Schon jetzt kann man etwas für die Geschwisterbeziehung tun

Das Ungeborene sollte noch nicht so viel Bedeutung bekommen

Attacken gegen die Mutter könnten aber auch Gründe haben, die sich relativ leicht aus der Welt schaffen lassen. Vielleicht spricht die Mutter zu häufig von dem Baby und merkt in ihrer Vorfreude gar nicht, daß sie das ungeborene Kind zum zentralen Thema macht.

Was man noch vermeiden sollte: Dem Kind das Gefühl zu geben, daß es für das Ungeborene Platz machen muß. Wenn man das Kinderzimmer umräumt, sollte das Erstgeborene (sofern es schon ein entsprechendes Alter hat) mitbestimmen dürfen, wo die Wiege stehen darf, wo der Wickeltisch etc. Auch den Schrankraum darf man nicht einfach neu aufteilen, wenn das Kind sich bereits selbst in seinem Schrank auskennt. Es sollte sich bei allen Veränderungen, die man zugunsten des Babys vornimmt, einbezogen fühlen.

Die lieben Geschwister **17**

I.

EIN BAUCH WÄCHST HERAN

Väter! Euer Auftritt!

Die Ankunft eines neues Geschwisters ist die beste Gelegenheit für Väter, die Beziehung zu ihrem Erstgeborenen zu intensivieren

Wenn das Zweite erstmal da ist, werden sich die Eltern noch mehr als vorher als Eltern fühlen, denn »eins plärrt immer«, wie es einmal eine Mutter von zwei Kindern (2 Jahre und 6 Monate) formuliert hat. Auch die Väter sind dann mehr gefordert. Dieser neuen Herausforderung sollten sie sich am besten schon während der zweiten Schwangerschaft stellen. Eine gute Vater-Kind-Beziehung hilft dem Kind, die Enttäuschung über Mutters Untreue besser zu verschmerzen. In den Augen des Erstgeborenen ist es ja vor allem die Mutter, die es im Stich läßt. Sie war diejenige, die sich den ganzen Tag um es gekümmert hat.

Manche Experten interpretieren das so: Das Erstgeborene möchte die Mutter gern für ihre Treulosigkeit bestrafen und sich auch jemand anderen suchen. Die beste Adresse ist der Vater. Vielleicht empfindet das Kind dann so etwas wie einen gerechten Ausgleich: Weil du dich einem anderen Kind zuwendest, nehme ich mir den von dir so heißgeliebten Papa.

Die gesteigerte Aufmerksamkeit des Vaters ist dem verunsicherten Kind eine große Hilfe

Ihren Papi für sich allein zu haben, finden grundsätzlich alle Kinder toll. Die meisten Väter sind in Sachen »Phantasie und Spiel« ohnehin besser. Das sprichwörtliche Kind im Mann befähigt sie zu unendlichen Geschichten aus der Spielzeugkiste. *Wer noch Anregungen braucht, sollte sich in einer Buchhandlung beraten lassen. Es gibt eine große Auswahl an Ratgebern für Bastelarbeiten oder Spiele im Zimmer.*

Diese Stunden sollten Papa und Tochter bzw. Sohn wirklich allein gestalten. Manche Mütter tun sich schwer, ihrem Mann das Kind auch mal wirklich zu überlassen. Die meisten können noch nicht einmal genau sagen, warum ihnen dieser väterliche Alleingang nicht so recht behagt. Der Grund dürfte ziemlich häufig ein unbewußter sein: Eine Mutter fühlt sich für alles und jedes zuständig, ja verantwortlich. Und sie fühlt sich als Mutter unentbehrlich, vor allem, wenn sie ihr Selbstwertgefühl allein aus der Erfüllung ihrer häuslichen Aufgaben bezieht. Diese Einstellung beschneidet den Spielraum des Vaters ganz empfindlich.

Manche Mütter kostet es Überwindung, dem Vater mehr Verantwortung zu übertragen

Eine Frau, die das zweite Kind erwartet, hat die große Chance, die Weichen neu zu stellen, indem sie gerade jetzt das Kind mehr dem Vater überläßt, es damit ein Stück weit losläßt und darauf vertraut, daß die beiden ihr Zusammensein genießen werden. Die werdende Mutter sollte sich in dieser Zeit etwas Muße gönnen – und nicht »in aller Ruhe« die Gardinen waschen!

VÄTER! EUER AUFTRITT!

»GEBURTSVORBEREITUNG« FÜR ERSTGEBORENE
gibt es nicht. Aber das erste Kind sollte recht bald davon erfahren, daß ein Geschwisterchen unterwegs ist. Reagiert das Kind schon jetzt aggressiv auf seinen Rivalen, ist noch genügend Zeit, auf verborgene Ängste einzugehen. Wichtig dabei: nicht zu viel vom Geschwisterchen sprechen, nie einen »tollen Spielkameraden« ankündigen, sondern intensiv auf das Erstgeborene und seine momentanen Gefühle eingehen.

Manche Väter wissen gar nicht, wie sehr sie von ihren Kindern geliebt werden

II. Der Thron wackelt

Für eine kleine Prinzessin oder einen kleinen Prinzen bricht eine Welt zusammen, wenn sie oder er merkt, daß es mit der Alleinherrschaft zu Ende geht

II.

DER THRON WACKELT

Wieviel Zeit und Energie so ein kleiner Säugling in Anspruch nimmt, haben die meisten nach dem ersten Kind ganz schnell vergessen. Schätzungsweise fünf bis sechs Stunden täglich ist man mit so einem hilflosen Wurm beschäftigt. Wenn das Baby nicht »pflegeleicht«, sondern ein Problemkind ist, auch länger. Ganz klar, daß das Große da häufig auf der Strecke bleibt.

Der Zweites-Kind-Schock

Der Ernst des Geschwister-Daseins beginnt, sobald die Mutter mit dem Baby nach Hause kommt. Wie oft bekommt das Kind auf seine Bitten ein »Gleich!«, ein »Später« oder ein »Jetzt kann ich nicht!« zu hören – und wie oft werden seine Bitten dann einfach vergessen? Statt dessen fordert die Mutter jetzt mehr von ihrem Erstgeborenen, und das ist ihr gar nicht immer bewußt. Es fängt bei der Ermahnung zum Leisesein, während das Baby schläft, an, und geht bis zu all den Dingen, die das Kind jetzt doch bitte allein machen soll. Damit nicht genug: Auch der Körperkontakt zu den Eltern ist weniger geworden, seit das Baby da ist.

Aber auch der Mutter geht es nicht so besonders. Wenn man übernächtigt und erschöpft ist, erscheinen die guten Vorsätze, während des Stillens vorzulesen, während des Wickelns Geschichten zu erzählen, während des Bades Lieder vorzusingen, ziemlich lächerlich und naiv.

Sie hat sich zuviel vorgenommen, sie hat ihre Kräfte überschätzt, sie fühlt sich manchmal total ausgebrannt. Es gibt Beobachtungen, wonach sich das Verhalten aller Mütter gegenüber dem älteren Kind nach der Geburt des zweiten dramatisch verändert: Sie reagieren emotional »flach«, sind weniger am Erstgeborenen interessiert, ihre Reaktionen sind gezwungen und bemüht (Stephen P. Bank und Michael D. Kahn in ihrem Buch »Geschwister-Bindung«).

Haben Mama und Papa das große Kind jetzt nicht mehr so lieb?

Je jünger ein Kind ist, um so stärker wird es durch dieses Anders-Sein der Mutter in seinem Gefühlsleben erschüttert. Ein Anderthalb- bis Zweijähriges hängt noch mit Leib und Seele an der Mutter, es hat noch keine Welt »draußen«. Selbst wenn man mit dem Kind regelmäßig in eine Spielgruppe gegangen ist, sind in diesem Alter noch keine stabilen Kontakte gewachsen.

»Über Nacht« soll das Ältere groß und vernünftig sein – das ist eine Überforderung!

ANGST UND UNSICHERHEIT löst das Baby noch aus einem anderen Grund aus: Im Alter zwischen ein und zwei Jahren hat das Kind die ersten Konflikte mit den Eltern riskiert (Trotzphase), um zu zeigen, daß es ein eigenes ICH hat. Nun könnte das Kind es als logische Folge oder gar Bestrafung empfinden, wenn sich die Eltern ein neues Baby anschaffen, mit dem sie nicht »so einen Ärger haben«.

Aber auch manche Dreijährige, die sich am Spielplatz schon »etabliert« haben, verlieren das Interesse an der Außenwelt, sobald das Baby da ist. Mütter berichten, daß das vorher schon so selbständige Kind nach der Geburt des Geschwisterchens wie eine Klette an ihnen hing. Einer übermüdeten Mutter kann sich da schon mal das Fell sträuben, wenn sie kaum noch weiß, wie sie sich aus dieser Umklammerung befreien soll.

Jeder »Befreiungsversuch« der Mutter kann dem Kind nur bestätigen: Sie will mich wegschicken, damit sie in Ruhe mit dem Baby schmusen kann! Deshalb ist äußerste Behutsamkeit angesagt. Kinder können noch nicht sehen, daß auch die Mutter sich unwohl und zerrissen fühlt, wenn sie spürt, daß sie den Ansprüchen beider Kinder nicht gleichzeitig gerecht werden kann.

Auch wenn es schwerfällt. Das Erstgeborene braucht jetzt besondere Zuwendung

»Schafft das blöde Baby wieder ins Krankenhaus!«

Auch wenn Eltern ihrem Kind nicht den Hauch einer Illusion über die erste Zeit mit dem Geschwisterchen gemacht haben, sollten sie sich nicht auf einen rundum freundlichen Empfang des Babys einstellen. Manche Eltern berichten, das größere Kind habe immer wieder verlangt hat, daß das Baby zurück in die Klinik gebracht werde. Andere Erstlinge sind noch rigoroser und wollen das Geschwister am liebsten in der Mülltonne verschwinden sehen. Auch von »Verschenken« oder »Verkaufen« hört man manche frischgebackenen Geschwister reden.

»Weg mit dem Baby!« So versucht das Kind mit Angst und Wut fertig zu werden

II.

DER THRON WACKELT

Gegen die Abwehr des/der Großen hilft es, das Baby nicht zu sehr in den Mittelpunkt zu stellen

Wie immer die Erstgeborenen ihre Rivalen zu entsorgen gedenken, es ist ganz wichtig, daß wir Eltern uns in die große Verletztheit, in den großen Schmerz unserer Kinder hineinfühlen. Nur so kann man Verständnis für ihr bisweilen aggressives und absonderliches Verhalten aufbringen und konfliktverstärkende Reaktionen (»Ich bin entsetzt, was ich für ein böses Kind habe!«) vermeiden.

Am besten reagiert man auf den Wunsch nach Ausquartierung des Babys, indem man den Faden weiterspinnt, etwa so: »Du willst wirklich, daß wir das Baby in den Wald bringen?! Aber da ist es dann ganz allein, hat Hunger und Durst und friert. Es wird weinen, und niemand hört es!« Kein Kind will wirklich, daß das Baby aus der Welt geschafft wird. Aber jedes Kind muß irgendwie mit seiner Wut und seiner Enttäuschung fertig werden. Seine »feindseligen« Gedanken auszusprechen ist eine Möglichkeit der Bewältigung.

Wenn das große Kind wieder Baby sein will

Das Baby hat jetzt den ersten Platz an Mamas Körper, es darf sogar an ihrer Brust trinken (und das scheint ihr auch noch zu gefallen!). Was liegt da näher, als auch wieder Baby zu werden: in die Hosen zu machen und sich saugend zu ernähren? Das Einnässen ist aber nicht allein ein Nachahmen der Baby-Situation, sondern oft ein Streßsymptom. Das Wieder-in-die-Hose-Machen und der Wunsch nach dem Saugen sind unbewußte Prozesse und schon deshalb wäre es widersinnig, sich restriktiv zu verhalten oder gar strafen zu wollen. Man sollte die nasse Hose nicht ignorieren, das wäre eine unglaubwürdige Reaktion. Am besten ist ein gelassen-verständnisvoller Kommentar wie »Hast du's nicht zum Klo geschafft? Das kann passieren …«

Erneutes Einnässen darf auf keinen Fall bestraft werden

Was tun? Soll man dem Kind wieder Windeln anziehen? Auf keinen Fall, ohne vorher mit ihm darüber zu sprechen. Kinder, deren nasse Hosen eine Streßreaktion sind, wehren sich oft mit Händen und Füßen dagegen, wieder gewickelt zu werden. Sie glauben fest daran, daß ihnen das »Malheur« nicht wieder passieren wird.

Mit der Windel zu drohen (»Dann mußt du wieder mit einem dicken Pampers-Popo rumlaufen!«) oder dem Kind ohne viel Federlesens eine anzuziehen, ist verletzend und demütigend. Die Phase der nassen Hosen wird vorübergehen, außerdem haben wir heute Waschmaschinen.

DAS GROSSE WILL WIEDER BABY SEIN

»Da haben wir ja noch so ein nettes Baby!«

Wenn das Kind allerdings ausdrücklich eine Windel verlangt – warum soll man dann das drei- oder vierjährige Kind nicht wieder wickeln? Einmal-Windeln gibt es bis zu einem Körpergewicht von 25 kg (so viel wiegen etwa Sechsjährige). Es geht dem Kind ja eigentlich nur ums Prinzip: »Wickelt mich Mami genauso wie das Baby oder nicht?« Deshalb sollte man das große Kind auch wirklich wie das Baby auf den Wickeltisch legen, seinen Popo eincremen, mit ihm schmusen und turteln – eben so tun, als sei es auch ein Baby. Viele Kinder finden das ganze dann in diesem Moment schon albern.

Auch die Rückkehr zur Flasche oder gar an Mutters Busen ist in der Regel nur von kurzer Dauer. Je selbstverständlicher man die Flasche auch für das große Kind zurechtmacht, um so besser. Das Kind fühlt sich geliebt und angenommen und braucht diesen Liebesbeweis bald nicht mehr.

Ein Rückfall ins Babyverhalten sollte niemals abwertend kommentiert werden

FACHLICHE BERATUNG IST ZU EMPFEHLEN, wenn diese Baby-Allüren über Monate anhalten. Sollte z. B. ein Kind, das schon lange sauber war, monatelang wieder eine Windel verlangen (und brauchen), dann hat dies nicht nur mit dem Geschwisterchen zu tun.

Arbeitsbeschaffungsmaßnahmen: Balsam für die Kinderseele

Fast alle Kinder haben das Baby-Spiel nach kurzer Zeit satt

Die großen Kinder haben nun gespürt, daß ihnen diese babytypische Zuwendung auf die Dauer nichts gibt. Was sie wollen, ist altersgerechte Aufmerksamkeit. Womit viele Mütter gute Erfahrungen gemacht haben: Das Kind sowohl in die Pflegetätigkeit als auch in den Haushalt einbeziehen.

- Das Kind bekommt einen eigenen Wickeltisch (das kann ein Stuhl mit einer ausreichend großen Sitzfläche sein), um dort Puppe oder Teddy zu wickeln.
- Als Windel kann ein Geschirrtuch dienen, daß man um den Puppenpopo legt und mit Wäscheklammern befestigt. Wenn das Kind über drei Jahre alt ist und nichts mehr in den Mund steckt, kann man auch Puppen-Wäscheklammern nehmen (in Spielwaren-Läden, aber auch in manchen Lebensmittelmärkten im Haushaltswaren-Regal erhältlich).
- Viele Kinder bestehen auf einer »richtigen« Windel, sprich einer Wegwerfwindel. Mit einem Trick wird dies nicht zur Verschwendung: Die in den Müll geworfene Puppen-Windel (mit wiederverschließbarem Bündchen) holt man im unbeobachteten Moment *wieder heraus, faltet sie wieder in ihrer ursprüngliche Form und legt sie zurück in den Puppenschrank.* So kann man mit einem Vorrat von drei oder vier Windeln eine ganze Weile auskommen.
- Während man das Baby badet, darf das große Kind eine Puppe baden. Das ist kein großer Aufwand: eine Waschschüssel (selbstverständlich mit dem gleichen Badezusatz wie für das richtige Babybad) auf den Klodeckel oder eine andere leicht erreichbare Ablage, und es kann losgehen. Kinder legen großen Wert darauf, alles genauso nachzuvollziehen wie im richtigen Leben. Also empfiehlt es sich, bei den Bade-Vorbereitungen an die Gleichbehandlung von Puppe und Baby zu denken, sonst gibt's schon die ersten Probleme, kaum daß man den Säugling ins Wasser taucht. – Wir wissen ja schließlich alle, wie hartnäckig Kinder sein können!
- Selbstverständlich muß die Puppe auch zu essen bekommen. Wenn sie nicht gestillt wird, bekommt sie (stark verdünnte) Babynahrung aus der Puppenflasche.
- Das Große kann man aber auch in die Sorge um das Baby einbeziehen, indem man beispielsweise fragt: »Meinst du, es könnte schon wieder Hunger haben?« – »Kannst du dir vorstellen, warum es

HELFEN DÜRFEN TRÖSTET

weint?« – »Was denkst du, was wir ihm heute anziehen sollen?« Dieses Einbeziehen ins Bemuttern verschafft dem Großen Selbstwertgefühl und baut die Rivalitäts-Stimmung etwas ab.
- Das Große kann die Flasche halten, den Brei füttern, den Popo cremen, den Waschlappen über Babys Körperchen führen, seine Haare bürsten, die Wiege schaukeln, eine frische Windel bringen, Kissen aufschütteln, Schnuller suchen u. v. m.

Kleine Aufgaben bei der Babypflege oder im Haushalt geben Erstgeborenen das Gefühl, groß und wichtig zu sein

WENN ES AUCH MAL GEFÄHRLICH AUSSIEHT, sollte man trotzdem nicht gleich jedesmal herbeistürzen, wenn sich das Große mit dem Kleinen befaßt. Natürlich kann niemand garantieren, daß es dem Baby nicht doch gelegentlich wehtut. Und wenn so etwas passiert ist, sollte man kein großes Brimborium darum machen. Es genügt, knapp, aber liebevoll zu erklären, daß man das Baby etwas vorsichtiger behandeln muß. Ein Monolog über das zarte Geschöpf und darüber, was alles passieren kann, wenn man nicht lieb und fürsorglich zu ihm ist, schürt nur die Eifersucht.

Das Spiel mit Puppe oder Teddy als Baby-Ersatz muß möglichst »echt« sein

Auch im Haushalt gibt es viele Dinge, bei denen ein kleines Kind mitwirken kann:
- Selbst ein Dreijähriges kann schon helfen, die Wäsche auf den Ständer zu hängen. Da dabei erfahrungsgemäß jedes zweite Stück auf den Boden fällt, breitet man ein altes Laken unter den Wäscheständer, so daß die herabgefallenen Wäschestücke nicht gleich wieder schmutzig werden.
- Kann ein Dreijähriges Schuhe putzen? Unter gewissen Voraussetzungen schon. Man setzt es z. B. auf ein altes Tuch in das Duschbecken, legt Zeitung unter seine Arbeitsfläche und läßt es dann hantieren. Wenn man farblose Schuhcreme oder -lotion aus

Die lieben Geschwister

II. DER THRON WACKELT

Hilfsangebote des größeren Kindes sollte man wann immer möglich annehmen

einem Spender verwendet, kann nicht viel passieren. Man kann dem Kind entweder alte Kleidungsstücke anziehen oder ihm im Schnellverfahren eine Schürze basteln: aus einer ausreichend großen Plastik-Einkaufstüte. Man schneidet an deren verschweißten Ende eine Öffnung für den Kopf und an den Seiten die Armlöcher hinein – fertig ist die Kittelschürze.

> WENN EIN KIND MITHELFEN MÖCHTE, sollte man es auch ranlassen. Es tut ihm nämlich nichts mehr weh, als nicht ernstgenommen zu werden – besonders in dieser Situation. Selbst wenn man ahnt, daß man wird »nacharbeiten« müssen, sollte man sich überwinden und das Hilfsangebot annehmen.

Eifersuchtsattacken: Und da soll man ruhig bleiben?

»Schwierig« werden oft die Kinder genannt, die ganz normale entwicklungspsychologische Probleme haben. Darunter sind viele, die sich gerade durch die Schwierigkeiten, die sie ihrer unmittelbaren Umgebung bereiten, seelisch gesund erhalten. Die Ankunft eines Geschwisters ist eine Belastung, die weit über das hinausgeht, was ein Kind zuvor erlebt und bewältigt hat.

Die schwierigste Herausforderung im ersten halben Jahr: gelassen bleiben

Ein Kind gibt den Kampf um die Liebe seiner Eltern nicht so schnell auf. Es kämpft mit den ihm zu Gebote stehenden Mitteln. Die können harmlos, aber auch ziemlich gefährlich sein:

- Das Baby mit Blättern füttern.
- Das Baby aus der Wiege werfen.
- Das Baby zwicken oder beißen.
- Das Baby mit einem spitzen Gegenstand traktieren.
- Dem Baby ins Auge fassen.
- Ein Springseil um Babys Hals legen.
- Dicke Kissen auf Babys Gesicht legen.
- Schwere Gegenstände in die Wiege werfen.
- Wasser in Babys Gesicht schütten.

EIFERSUCHTSATTACKEN

Zweit- und drittgeborene Säuglinge leben also gefährlich. Deshalb raten auch Experten dringend dazu, das Baby nicht allein mit seinen (noch relativ kleinen) Geschwistern zu lassen.

Wenn im unbeobachteten Moment doch ein »Attentat« verübt worden ist, sollte man unter allen Umständen versuchen, ruhig zu bleiben! Das Kind weiß noch nicht, was es da tut, es kann die möglichen Folgen seiner Handlungen noch nicht einschätzen. Deshalb genügt es, wenn man erklärt, daß das dem Baby schadet. Sich kreischend auf das Baby zu werfen, den »Übeltäter« anzuschnauzen und gar wegzuschubsen, bestätigt dem Kind nur, wovor es sich fürchtet: Das Baby haben Mama und Papa furchtbar lieb, mich mögen sie nicht mehr!

Ganz wichtig in dieser schwierigen Phase: Entspannung und Ablenkung suchen, und sich nicht in seinen vier Wänden verkriechen. Jeder Spaziergang kann Wunder wirken. Wer mehr Ansprache sucht, sollte sich an eines der Mütter- und Väterzentren wenden, die es in vielen Städten gibt.

Noch ein Wort zu Baby-Besichtigungs-Besuchen, die die Eifersucht oft noch mehr schüren: Freunde, Verwandte und Bekannte sind normalerweise so gedankenlos, sich bei ihrem Besuch sofort auf das Baby zu stürzen und den Größeren zweitrangig zu behandeln. Dem kann man abhelfen, indem man die Gäste schon im Vorfeld bittet, ihre Neugier zu zügeln und sich demonstrativ erstmal dem Großen zuzuwenden. Seien Sie ruhig auch so frei, die Besucher darum zu bitten, daß sie ein kleines Mitbringsel für das Große bereithalten.

Jedes Familienmitglied muß auf seine Weise mit dem Neuankömmling zusammenwachsen

II. DER THRON WACKELT

Wenn Mütter explodieren

Wenn der Mutter die Sicherung durchgebrannt ist: unbedingt über die Überforderung reden!

Man hat die x-te miserable Nacht hinter sich, fühlt sich ausgelaugt und hat vielleicht Streit mit dem Partner. Und dann kommt man dazu, als die Große den Inhalt der Gießkanne in den Stubenwagen leert. Da kann einer Mutter schon mal die Sicherung durchbrennen, und sie tut all das, was sie eigentlich nie mit ihrem Kind tun wollte: Sie schreit es an, sperrt es in sein Zimmer, und womöglich rutscht ihr auch noch die Hand aus …

Für alle Familienmitglieder ist diese erste Zeit nach der Ankunft des zweiten Kindes eine sehr schwierige Phase. Sie geht vorüber – nur, das kann ein Kind noch nicht verstehen. Kinder denken und fühlen nicht sehr weit in die Zukunft hinein. Es hilft ihnen also nicht viel, wenn man ihnen sagt, daß es irgendwann wieder besser wird. Sie leiden jetzt, wollen jetzt Linderung.

So eine Linderung kann man ihnen geben, indem man über die eigenen Schwierigkeiten spricht. Beispiel: »Weißt du, ich muß nachts sehr oft für das Baby aufstehen und fühle mich zur Zeit so kaputt und müde. Und da wird man einfach ganz schnell sauer …« Erstaunlich (und tröstlich) daran ist, wie schnell die meisten Kinder wieder zur Tagesordnung übergehen können.

> **NACH SO EINER ESKALATION** sollte man sich nicht in seelischer Selbstzerfleischung ergehen. Natürlich sind solche Zwischenfälle scheußlich, und man fühlt sich anschließend hundeelend. Aber auch eine Mutter hat Wünsche und Bedürfnisse und einen begrenzten Vorrat an Nervenkraft. Man erholt sich schneller wieder, wenn man sich vor Augen hält: 1. Auch eine Mutter darf mal schreien! 2. Kinder können nach Erfahrungen der Familienforscher auch schwierige Umstände schadlos überstehen. Nicht jeder Ausrutscher von elterlicher Seite macht also eine Kinderseele kaputt. Da gilt eher das Prinzip »Steter Tropfen höhlt den Stein«.

EIFERSUCHT

Die unbekannten Gesichter der Eifersucht

Manche Eltern sind der Meinung, daß Kinder möglichst rasch aufeinander folgen sollten. So bekämen sie die Ankunft des nächsten gar nicht so recht mit und die Eifersucht hielte sich in Grenzen. Hoffentlich irren sie sich nicht. Denn die Auffassung, daß ein Kind unter einem Jahr eine Entthronung nicht als schmerzhaft empfindet, weil es seine Erstlings-Rolle bis dahin noch gar nicht hat ausfüllen können, wird nicht von allen Experten geteilt.

Kleine Kinder leiden anders und sind noch nicht zu so deutlichen Zeichen des Protestes imstande wie ein Zwei- oder Dreijähriges. Oft sind es psychosomatische Symptome wie Hautprobleme oder Schlafstörungen. Wenn sich ein Kind nach der Ankunft eines Babys ohne Murren stundenlang allein beschäftigt, nie stört, nicht quengelt, kaum Ansprüche stellt, dann ist es zwar »brav«, aber vermutlich todunglücklich. So eine wundersame Charakterstärke eines Erstgeborenen gehört hinterfragt. Denn oft steckt eine große Resignation dahinter, meint Dr. Karin Großmann: »Das heißt, es ist früher einmal gegen Willkür oder Strafmaßnahmen der Eltern angegangen und so zurechtgestaucht worden, daß es inzwischen gemerkt hat, wie zwecklos sein Protest ist. Dann zieht es sich zurück, und das ist schon eine Depression!« *Wenn ein Kind erstmal in eine Depression geraten ist, hilft nur eine Psychotherapie.*

Eifersucht kann auch ganz leise sein

Kinder, die nie stören, sind nicht selten in ihrer Seele »gestört«

Manche Kinder brauchen jetzt einen Phantasiegefährten

Nichts mit einer kindlichen Depression hat es zu tun, wenn sich ein Kind einen Phantasiefreund zulegt. Das kann ein menschliches Wesen sein, ein Tier oder eine Comicfigur. Die kleine Dorette war anderthalb, als ihr Bruder Jonathan geboren wurde. Das Mädchen war der Mittelpunkt der ganzen Verwandtschaft gewesen, weil sie so besonders niedlich war. Aber jetzt war Jonathan da und ihr Platz auf einmal ziemlich schattig geworden. Eines Tages erzählte Dorette von einer »Murie«, einem Wesen mit Rädern, das nach Möhren schmeckte. Dieses Wesen begleitete die Familie einige Monate lang, dann war es wieder verschwunden.

Experten sehen in so einem Phantasiefreund keine Gefahr und raten den Eltern, ohne viel Aufhebens so zu tun, als sei ihnen das Wesen be-

II. DER THRON WACKELT

Phantasiefreunde helfen Kindern bei der Bewältigung neuer Situationen

kannt und vertraut. Sollte der unsichtbare Freund allerdings länger als sechs Monate bei der Familie weilen, ist es ratsam, mit dem Kind (und seinem Freund) eine Beratungsstelle aufzusuchen.

Vaterliebe – noch nie war sie so wertvoll!

Untersuchungen haben gezeigt, daß Väter genausogut mit einem Baby umgehen können wie Mütter. Sie sprechen ebenso intuitiv in der »Ammensprache«, beherrschen die zärtliche und für alle Babys verständliche Körpersprache.

WERTVOLLE VATERLIEBE

Der Säugling bekommt genug mütterliche Zuwendung durch das Stillen (bzw. liebevolle Füttern), Wickeln, Baden, Anziehen und all die Verrichtungen, die die Mutter wochentags allein machen muß. Wenn der Vater sich nicht oder nur sehr dürftig an der Betreuung seiner Kinder beteiligt, kann das bedeuten, daß die Mutter strenger und weniger zärtlich gegenüber dem Erstgeborenen wird. Sie muß sich irgendwie Zeit und Kraft für sich und die Versorgung des Babys sichern. Die mögliche Folge: Das Kind fühlt sich verstoßen, hat den Eindruck, daß niemand es mehr mag; die Mutter nicht, der Vater nicht, einfach niemand.

Für Kinder jeden Alters enorm wichtig: die regelmäßige Zuwendung des Vaters

EIFERSUCHT UND VERLUSTANGST sind jetzt normal. Es ist ein Zeichen seelischer Gesundheit, wenn ein Kind eifersüchtig auf sein neues Geschwisterchen ist. Drohungen oder Strafen können viel zerstören. Sie bestätigen dem Kind seine unbewußte Angst: Ich werde nicht mehr geliebt. Wut und Ärger über das eifersüchtige Verhalten des Erstgeborenen wird die Mutter am besten beim Partner oder bei einer Freundin los. Dem Kind gegenüber bewährt sich ein gewährender Erziehungsstil mit klaren Grenzen.

III. Wenn das Zweite mächtig wird

Babys bleiben nur wenige Monate lang da liegen, wo man sie hingelegt hat. Sobald sie sich selbst fortbewegen können, ist nichts mehr vor ihnen sicher ...

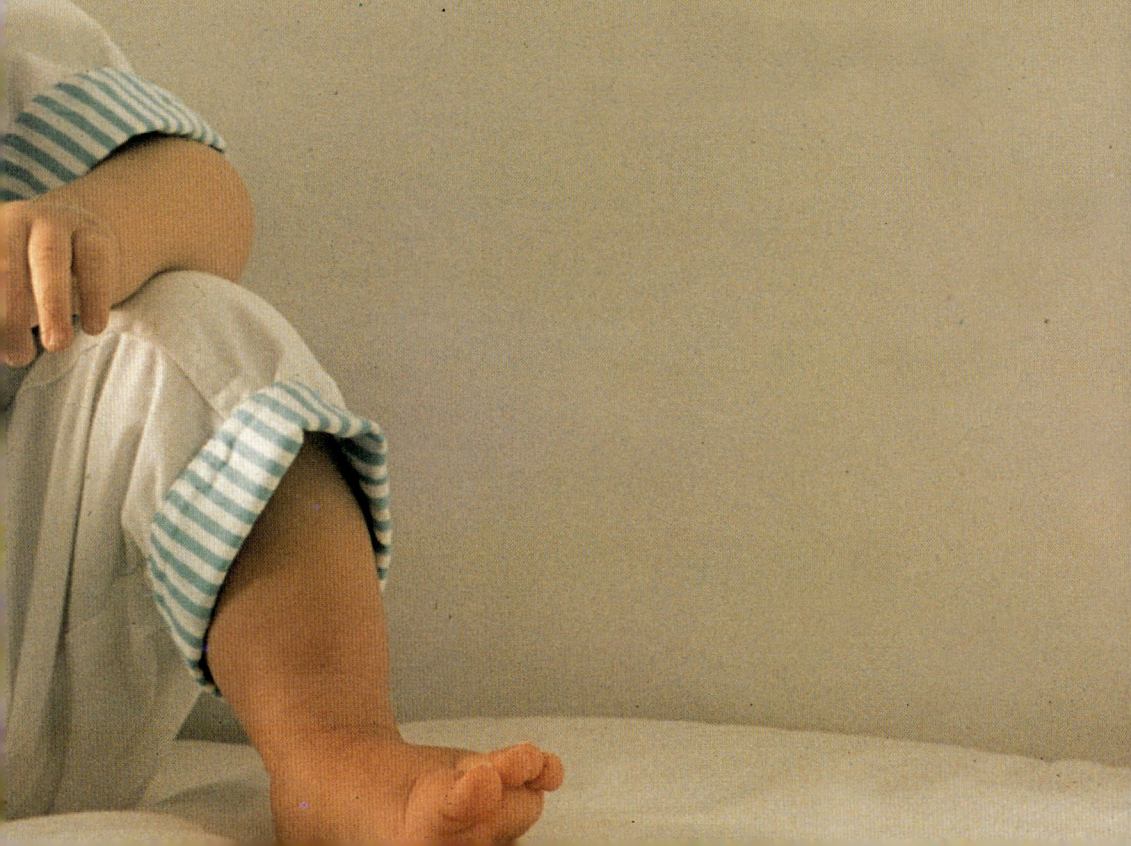

III.

WENN DAS ZWEITE MÄCHTIG WIRD

Wenn das Zweite beginnt, seiner eigenen Wege zu gehen, entsteht eine neue Krise in der Geschwisterbeziehung. Die Rollen werden neu definiert. Experten wissen, daß es in einer solchen Phase immer zu einer »Verdichtung der aggressiven Auseinandersetzung« kommt.

»Das Baby macht alles kaputt!«

Für Eltern schwer zu akzeptieren: Das Baby ist ein Störenfried!

Solange Geschwister noch nichts miteinander anfangen können, sind getrennte Spielbereiche besonders wichtig. Wo keine zwei Kinderzimmer vorhanden sind, kann man trotzdem einen Spiel-Raum für das Erstgeborene schaffen, beispielsweise im Elternschlafzimmer. Dieser Raum wird tagsüber meist nicht genutzt. Und auch wenn es darin eng ist – Hauptsache, dieser Platz gehört dem Ersten ganz allein. Mit Hilfe eines Türgitters kann man den Spielbereich abgrenzen, ohne das größere Kind zu verbannen.

Eine andere Möglichkeit: Der/die Große spielt im Laufstall (sofern vorhanden). Kleinere Geschwister sind fast allesamt Fans ihrer großen Brüder und Schwestern. So wird vermutlich das Zwergerl am Trenngitter kleben und mitspielen wollen. Wenn man ihm seine Spielzeugkiste vor dieses Gitter stellt und es zum Spiel anregt, haben beide eine Weile zu tun, ohne sich gegenseitig zu stören.

»Spiel doch mit dem Baby!« Dafür ist es noch zu früh

Getrennte Spielbereiche können natürlich nicht gänzlich verhindern, daß sich die Kinder in die Quere kommen. Außerdem möchte man ja auch, daß die Kinder etwas miteinander zu tun bekommen. Trotzdem muß man jetzt dem größeren Kind helfen, dem kleineren Grenzen zu setzen. Es ist sehr wichtig, daß man diese Aufgabe nicht einfach dem größeren Kind zuschiebt, sondern daß man Vorschläge dazu macht. Beispiel: »Wenn du ihr die großen Bausteine gibst, dann hat jeder etwas zum Spielen.«

Verlangen Sie nicht immer nur Verständnis für das Baby!

Trotz eindringlicher Instruktionen wird es vorkommen, daß das Größere bei seiner Verteidigung nicht das rechte Maß findet und dem Baby wehtut. Eltern stehen in dieser Zeit vor der schwierigen Aufgabe, bei solchen Zwischenfällen immer mit Bedacht vorzugehen. Rein »nach Gefühl« zu reagieren, hieße in einen Teufelskreis zu geraten: Baby tapst dazwischen – großes Kind wehrt sich – Baby brüllt – Eltern stürzen hin, nehmen das Baby in ihre rettenden Arme und tadeln das große Kind.

BABY MACHT ALLES KAPUTT

Das ist ungesund, und zwar für das Seelenleben des Erstgeborenen. Denn es gibt keine Situation, an der es allein schuld ist. Und man kann auch vom »Großen« nicht immer nur Verständnis für das hilflose, kleine Baby verlangen. Tatsache ist, daß das Baby etwas zerstört, daß das Baby Dinge »wegnimmt«, die ihm nicht gehören. Selbst einem Kindergartenkind ist es nicht so leicht begreiflich zu machen, daß das Baby gar nicht weiß, was es tut.

WENN ES ZUM KONFLIKT KOMMT, bei dem sich das größere Kind zu heftig zur Wehr setzt, sollte man beide Kinder trösten. Denn es tut auch dem Großen weh, wenn sein Spiel »mutwillig« zerstört wird.

Jüngere Kinder können sich nicht vorstellen, daß sie selbst mal so klein und tapsig waren

III.

WENN DAS ZWEITE MÄCHTIG WIRD

Was lange gärt, wird endlich Wut

Viele Mütter, die ich befragt habe, berichteten von dem Verständnis ihrer erstgeborenen Töchter, von ihrer Hilfsbereitschaft und ihrer Fürsorglichkeit. Manche Mädchen haben sogar den weiteren Kinderwunsch der Eltern mitgeprägt, weil sie immer wieder nach einem Geschwisterchen gefragt hatten. Ein Mädchen trägt – so sagen auch viele Experten – bereits Muttergefühle in sich und hat viel Freude daran, das Baby zu versorgen.

Doch auch Mädchen reagieren eifersüchtig, oft allerdings mit beachtlicher Zeitverzögerung. Das hat auch etwas mit uns Eltern zu tun.

Eifersucht kommt bei Mädchen oft langsam, aber dann gewaltig!

Das eher fürsorgliche, vernünftige Verhalten eines Mädchens wird von den Eltern als angenehm empfunden, und natürlich entgeht das keinem Kind. Es bemüht sich, diese Fähigkeiten besonders deutlich zu zeigen, die aggressiven Gefühle eher zu unterdrücken. Manche Mädchen schaffen das bis zur Perfektion, anderen platzt eben doch dann und wann der Kragen.

Sind Mädchen demnach »anders eifersüchtig« als Buben? Die meisten Mütter achten – unbewußt – darauf, daß der Sohn sich als männlich (eben anders als die Mutter) empfinden kann und daß er Freiräume bekommt. Und sie bemühen sich bei Söhnen viel mehr darum, daß der Vater seine Rolle auch tatsächlich übernimmt. Ihrem weiblichen Kind signalisiert eine Mutter dagegen (bewußt oder unbewußt) »Du bist genauso wie ich!«, was nach Erfahrung von Entwicklungspsychologen von den Töchtern sehr stark empfunden wird.

EIFERSUCHT UND WUT

MIT DER ANKUNFT DES BABYS ist die Mutter-Tochter-Gemeinschaft gesprengt. Wenn das Mädchen alt genug ist, wird es sich leichter tun, die neue, sprich: mütterliche Rolle zu übernehmen. Wenn es aber noch klein (unter drei Jahren) ist, tut es sich – so die Ergebnisse wissenschaftlicher Untersuchungen – besonders schwer. Bei Berichten über schwerste Eifersucht ist das ältere Kind immer ein Mädchen.

Mädchen sind richtige kleine Mütter – oder?

Viele Mütter lassen ein Mädchen eher an das Baby ran als einen Buben. Mütter und Väter trauen dem Mädchen »instinktiv« mehr Behutsamkeit zu. Dies erklärt auch Beobachtungen, wonach Mütter sich um kleinere Kinder weniger kümmern, wenn das erstgeborene Kind eine Tochter ist. Sie vertrauen darauf, daß die Tochter von sich aus eine gewisse »Erziehungsleistung« erbringt. Es wäre sicher nützlich, diesen Gedankenautomatismus einmal zu hinterfragen!

Verzögerte Eifersuchtsreaktionen gibt es auch bei Buben, allerdings viel seltener. Wenn Gefühle nicht herausgelassen werden, dann hat das immer damit zu tun, wie die Mutter bzw. der Elternteil, der überwiegend mit dem Kind zusammen ist, mit seinen eigenen Gefühlen umgeht. Wenn wir bemüht sind, dem Kind eine heile Welt zu vermitteln und vor ihm die weniger erwünschten Gefühle wie Wut, Neid und Trauer zurückhalten, schneiden wir es mit der Zeit von seinen eigenen Gefühlen ab.

Von Töchtern wird nach wie vor mehr Einfühlungsvermögen erwartet

III.

WENN DAS ZWEITE MÄCHTIG WIRD

Das muß täglich sein: Exklusiv-Termin fürs Erstgeborene

Schenken Sie Ihrem großen Kind regelmäßig Zeit

Sobald das Baby bzw. Kleinkind mobil ist und sich seinem unstillbaren Forscherdrang hingibt, hat die Mutter oder der Vater meist noch weniger Zeit für das Große. Den kleinen Entdecker muß man ständig im Auge behalten, wenn man ihn nicht in den Laufstall sperren will. Da kann es schon ein Problem darstellen, mit dem Erstgeborenen ein Bilderbuch ansehen zu wollen. Das Kleinere reißt an den Seiten oder patscht voller Enthusiasmus auf das Buch. Keine Freude für Vorlese-Hungrige!

Es bleibt nicht aus, daß man das Ältere häufig vertrösten muß. Man sollte es dann aber nicht mit einem »Später!« oder »Das geht jetzt nicht!« abspeisen, sondern den Aufschub ein bißchen »nett verpacken«. Etwa so: »Schau, ich muß der Melanie noch viel helfen. Aber das wird bald anders werden. Als du so klein warst ...« Das kann man immer weiterspinnen und schon hat man eine Zeit überbrückt, ohne das Kind barsch abgewiesen zu haben.

Wichtig: Sonder- termine für das ältere Kind!

Wenn es irgendwie einzurichten ist, sollte man sich einen Nachmittag in der Woche für das Größere freihalten und dann auch mal gemeinsam etwas unternehmen (Schwimmbadbesuch, Fahrradausflug o. ä.). Vielleicht gibt es eine Oma, einen Opa, Freunde, liebe Nachbarn, bei denen das Baby für zwei bis drei Stunden bleiben kann. Oder man sucht sich einen Babysitter (per Aushang im Supermarkt, Kindergarten, Kinderarzt-Wartezimmer) oder sieht sich nach einer »Leih-Omi« um, einer älteren Dame, die wieder eine Aufgabe sucht.

Erste gemeinsame Spiele

Spiele mit dem Baby kann man anregen, aber nicht einfordern

Wenn ein Kind auf die Welt kommt, kann es erstmal rein gar nichts. Das ist sehr ärgerlich für sein Geschwister. Die Eltern sollten dem größeren Kind zeigen, daß das Baby trotzdem »brauchbar« ist. So läßt es sich etwa in einem Wägelchen herumfahren oder -ziehen, man kann Versteckspiele oder das Guck-guck-Spiel anregen. Außerdem sollte man dem Kind vormachen, wie man ein Baby be-spielt. Anregungen dazu kann man sich in Büchern holen (z. B. in Marianne Austermann/Gesa Wohlleben: »Zehn kleine Krabbelfinger«, Kösel-Verlag). Auch wenn das Baby relativ passiv bleibt, macht sein gurgelndes Lachen oder Quietschen allen größeren Geschwistern Spaß.

NICHT MEHR DER BESTE SEIN

JE GRÖSSER DAS ZWEITE IST, um so mehr bereichern sich die Kinder im gegenseitigen Spiel: Das Kleine kann sich was abschauen, das Große genießt es, so bestaunt zu werden und auf diese Weise unerreicht zu bleiben. Kinder im Vorschulalter können sich schon an Spielregeln halten und versuchen auch, das ihren jüngeren Geschwistern beizubringen: Man muß warten, bis man an der Reihe ist, und man muß sich an Vereinbarungen halten.

Am Max-Planck-Institut für Psychiatrie in München hat man hierzu eine interessante Beobachtung gemacht: Bereits Vierjährige können auf die Entwicklungsstufe eines Zweijährigen »umschalten«. Sie sprechen dann in der Kleinkindsprache und geben sich alle Mühe, dem Kleineren etwas begreiflich zu machen.

Wenn das Erste nicht mehr das Beste ist ...

Die Ankunft eines zweiten Kindes fördert die Angst des Erstgeborenen, nicht gut genug zu sein und dadurch die Elternliebe zu verlieren. Dazu schreibt Jirina Prekop in ihrem bekannten Buch »Hättest du mich festgehalten« (Kösel-Verlag): »Denn ›der Größere‹ und ›der Größte‹ zu sein, ›alles besser zu wissen‹ wurde bei ihm zur Ersatzsicherheit, von der es abhängig ist. Wenn dieses Kind nun unter dem Leistungsvergleich mit anderen feststellt, daß es in dieser oder jener Hinsicht schwächer ist, bricht das Bild ›des Großen‹ zusammen. Es fühlt sich als Versager...«

Folge: Die Kinder versuchen, sich allen Situationen zu entziehen, in denen sie versagen könnten. Gleichzeitig wächst die Angst, daß sie nun erst recht nicht mehr von den Eltern akzeptiert werden. Und tatsächlich: Auch Eltern sind nur Menschen und können ihren Frust über das »unwillige«, »bockige«, »bequeme« Kind oft nicht verbergen, tadeln es unter Umständen und halten ihm andere Kinder als Beispiel vor Augen.

Daß das Zweitgeborene mit der Zeit immer mehr kann, macht vielen Erstgeborenen zu schaffen. Selbst im Schulalter noch

WENN DAS ZWEITE MÄCHTIG WIRD

Mit der Festhalte-Therapie hat Jirina Prekop bei diesem Problem helfen können. Sie schreibt: »Die heilende Wirkung des Festhaltens besteht im spürbaren Beweis des Geliebt-Seins ohne Vorbehalt, selbst dann, wenn das Kind gar nichts leistet, sondern schwach ist und stört ...«

Auch das ältere Kind immer wieder in den Arm nehmen, mit ihm schmusen und flüstern

AUCH DAS ERSTGEBORENE braucht Schutz und Verständnis. Wenn das Baby sich immer wieder ungeniert am Spielzeug des größeren Kindes bedienen darf, sind die Eltern aufgefordert, Grenzen zu setzen. Statt dessen nur an die Vernunft und das Verständnis des größeren Kindes zu appellieren, läßt einen tiefsitzenden Konflikt zwischen den Kindern entstehen. Das ältere Kind fühlt sich nicht mehr angenommen und entwickelt die Vorstellung, daß seine Gefühle keine Berechtigung haben.

Geschwisterliebe – gibt es die überhaupt?

Liebe hat mit immerwährender Harmonie nur wenig zu tun

Wie liebevoll hat Hänsel sein Schwesterchen getröstet, als die beiden sich im dunklen Wald verlaufen hatten! Wie fürsorglich hat Gretel ihr Stückchen Brot mit dem Bruder geteilt! Das ist Geschwisterliebe! So würden wir uns das auch wünschen ... Statt dessen sind unsere Kinder oft wie Hund und Katz' zueinander, von liebevoller Zuneigung keine Spur!

Gechwisterliebe ist ganz unromantisch

Trotz alledem – es gibt sie, die Geschwisterliebe. Nur ist sie eben nicht so märchenhaft, wie wir Eltern uns das manchmal erträumen. Denn das Verhältnis unserer Kinder zueinander ist in vielerlei Hinsicht kompliziert:
- Unsere Kinder haben sich einander nicht ausgesucht. Einer ist dem anderen ohne irgendein Mitspracherecht vor die Nase gesetzt worden. Trotzdem müssen sie Tag für Tag zusammenleben.

42 Die lieben Geschwister

GESCHWISTERLIEBE

DIE QUALITÄT DER GESCHWISTERBEZIEHUNG
hängt ganz entscheidend von den individuellen Beziehungsgeflechten in der Familie ab. Wie gehen die Eltern miteinander um? Wie verhält sich die Mutter zu ihren Kindern, welche Beziehung hat der Vater zu seinen Kindern? Wie war die Beziehung der Mutter/des Vaters zum erstgeborenen Kind, bevor das zweite kam? Wie verhalten sich die Kinder ihren Eltern gegenüber, und wie reagieren die Eltern wiederum darauf?

- Unsere Kinder erleben einander in erster Linie als Rivalen im Kampf um die Elternliebe, nur in Ausnahmesituationen empfinden sie sich als Verbündete.
- Unsere Kinder sind noch auf der Suche nach ihrer eigenen Identität, wünschen sich mal Verschmelzung und mal Abgrenzung.
- Kindern fehlt die geistige Reife, um nachvollziehen zu können, daß Elternliebe teilbar ist.
- Kein Mensch kann die Bedürfnisse eines anderen vollkommen und zu allen Zeiten befriedigen. Wie soll das also unter Geschwistern funktionieren, wo überdies der Altersabstand einen enormen Reifeunterschied ausmachen kann?
- Kinder reagieren höchst empfindlich auf Ungerechtigkeiten. Selbst kleine Unachtsamkeiten der Eltern können ihnen das Gefühl geben, gegenüber dem Geschwister benachteiligt zu sein.

III.

WENN DAS ZWEITE MÄCHTIG WIRD

Familie werden ist nicht schwer, Familie sein dagegen sehr

Eine intakte und glückliche Familie zu haben, gehört heute zu den Status-Symbolen wie Haus, Auto oder Fernreisen. Wenn die Familienmitglieder nicht so strahlend dreinschauen, wenn manchmal ein gereizter Ton herrscht, alle lustlos »herumhängen« oder häufig gestritten wird, empfinden das besonders die Frauen als persönliches Versagen. Diesen wunden Punkt macht sich die Werbung zunutze: Verpackt in den Traum von der glückstrahlenden, harmonischen, liebevollen, niemals streitenden Gefühlsfamilie läßt sich so ziemlich alles verkaufen …

Im richtigen Leben sieht das alles ganz anders aus. Mit der Geburt des ersten Kindes, mit der Geburt der Familie also, erleben nicht wenige Paare einen Bruch in ihrer Beziehung: Aus dem Liebespaar wird über Nacht ein Elternpaar, an dessen Kräften und Nerven der Dritte im Bunde nun unerbittlich zerrt. Man hat kaum noch eine ungestörte Nacht, muß Kinderkrankheiten kurieren, gefüllte Windeln entfernen, Erbrochenes beseitigen, Trotzanfälle managen usw. Auf diese Schattenseiten des Elternglücks sind die wenigsten vorbereitet.

Aber das bekommt man nach einiger Zeit in den Griff. Das emotionale Ungleichgewicht – hier Mutter und Kind, dort der Vater – ist oft nicht so einfach auszutarieren. Fachleute sprechen von der notwendigen »Triangulierung« (das Musikinstrument Triangel ist ein gleichseitiges Dreieck!): Der Vater muß sich mit der Mutter identifizieren, damit das Kind in die Lage versetzt wird, sich aus der engen Bindung an die Mutter zu lösen.

»Wenn die Eltern etwas miteinander zu tun haben«, sagt Elisabeth Kowalewski-Rein, Sozialpädagogin und Mutter zweier Kinder, »dann haben auch die Kinder etwas miteinander zu tun, bzw. sie beziehen sich nicht ständig auf die Eltern. Wenn die Ehepartner in einer sehr bewußten Partnerschaft leben, kommen die Kinder nicht mehr wegen jedem Clinch zu den Eltern.«

Die Ankunft von Kindern belastet jede Partnerschaft

Falls die Partnerschaft seit der Ankunft der Kinder nicht nur sehr belastet, sondern sogar gestört ist, sollte man sich nicht scheuen, eine Beratung aufzusuchen. Es wäre schade, wenn man die heute gebote-

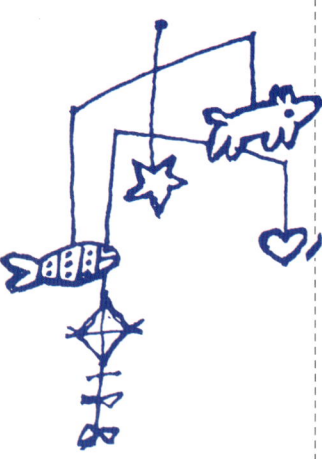

Die Familie ist wie ein Mobile. Gefühlsregungen eines einzelnen bringen das ganze System in Bewegung

nen Hilfs- und Beratungsangebote nicht nutzte, aus Scham darüber, nicht allein zurechtzukommen.

Das gleiche gilt, wenn Eltern das Gefühl haben, daß ein Kind »schwierig« ist. Nicht selten stellt sich in der Erziehungsberatung heraus, daß die Probleme bei einem der anderen Kinder, bei der Mutter oder dem Vater liegen. Erziehungs- und Familienberater gehen Schwierigkeiten heute anders an als noch vor ein, zwei Generationen. Heute wird meist das »System Familie« betrachtet, und nicht nur jedes einzelne Mitglied für sich.

Wenn es zwischen den Eltern kriselt, tun sich auch die Geschwister miteinander schwer

Geschwister: Hier gibt's die ganze Palette der Gefühle

»Die Geschwistererfahrung prägt die großartigsten und die gemeinsten menschlichen Gefühle. Die große Bandbreite von Gefühlen ist in dieser Beziehung enthalten, deren Komplexität sich jeder Definition entzieht... es gibt keinen Prototyp der Geschwister-Bindung...« schreiben die amerikanischen Psychologen Stephen P. Bank und Michael D. Kahn in ihrem Buch »Geschwister-Bindung«.

Man muß den Bruder oder die Schwester nicht ohne Wenn und Aber mögen, doch man weiß ihn oder sie genau einzuschätzen. Dadurch entsteht eine Vertrautheit, die sich manchmal erst ganz spät im Leben wieder zeigt. (Man denke an die alt gewordenen Schwestern, die nach dem Tode ihrer Männer wieder viel gemeinsam unternehmen oder gar zusammen wohnen.)

Liebe und Haß liegen nirgendwo so dicht beieinander wie in der Geschwisterbeziehung

ECHTE VERTRAUTHEIT gedeiht nur unter bestimmten Voraussetzungen:

● Wenn die Eltern unparteiisch sind. Ein Kind, das spürt, daß es den Kampf um die elterliche Liebe verloren hat, kann das Geschwister nicht wertschätzen.

● Wenn die Kinder all ihre Gefühle dem Geschwister gegenüber frei äußern können. Wut, Ärger, Enttäuschung – solche Gefühle müssen lebbar sein.

III.

WENN DAS ZWEITE MÄCHTIG WIRD

Geschwisterbeziehungen haben viele Facetten, die selbst die Eltern oft nicht nachvollziehen können

Bemühungen, die negativen Gefühle aus der Geschwisterwelt auszuradieren, egal ob mit »Argumenten« (»Du mußt lieb zu ihr sein, sie ist doch deine Schwester«) oder Strafmaßnahmen (»Jetzt gehst du so lange in dein Zimmer, bis du wieder lieb zu deinem Bruder bist«), haben einen Bumerang-Effekt. Unterdrückte Gefühle bahnen sich ihren Weg und treffen irgendwann das Geschwisterkind.

Geschwisterliche Bande sind nicht schwarz oder weiß, nicht Liebe oder Haß. Nach amerikanischen Untersuchungen (durchgeführt von Wyndol Furman, University of Denver) gibt es kaum Kinder, die ihre Geschwister nur ablehnen. Und natürlich gibt es ebenso wenige Kinder, die ihre Geschwister immer nur liebhaben.

Geschwister als Babysitter: das Aus für die Liebe?

Wenn ein fünfjähriges Kind Bruder oder Schwester wird, kann man ihm schon eine gewisse Fürsorge für sein Geschwisterchen zutrauen. Man sollte diese Fürsorglichkeit aber nicht grundsätzlich erwarten. Denn nicht jedes Kind hat sonderlich große Lust, den Babysitter zu spielen – schon gar nicht beim eigenen Geschwister!

Man sollte das Verantwortungsbewußtsein von Kindern nicht überschätzen. Auch juristisch betrachtet, ist es nicht zu empfehlen, ein Kind unter 14 Jahren als Babysitter beim Geschwister zu lassen. Wenn einem der Kinder etwas zustößt, kann man wegen Verletzung der Aufsichtspflicht haftbar gemacht werden.

> ALS ELTERN sollte man die größeren Kinder öfter spüren lassen, wie stolz man auf sie ist. Vor diesem Hintergrund kann man das ältere auch mal darum bitten, etwas für ein jüngeres Geschwister zu tun (»Zeig ihm doch mal, wie man das macht!«).

Unspezifische Aufforderungen wie »Paß mal ein bißchen auf!« oder »Nimm sie doch mit!« motivieren nicht gerade zur Fürsorglichkeit. Dann empfindet das ältere das kleine Geschwister eher wie einen Klotz am Bein. Nur weil man früher vor allem Mädchen als Aufpasser für ihre Geschwister verpflichtete, muß man dies heute nicht gutheißen.

GESCHWISTERLIEBE FÖRDERN

Manche Formen der geschwisterlichen »Betreuung« sollten nicht unkommentiert bleiben: Wenn das Große geradezu despotisch mit dem Kleineren verfährt. Beispiel: Das Kleinere kommt beim Puzzle-Legen nicht zurecht. Das Ältere reißt dem Kleinen die Puzzle-Teile mit den Worten »Nee, das gehört da nicht hin!« oder »Mensch, das paßt doch nicht!« aus der Hand und bringt das Stück ohne ein weiteres Wort an seinen Platz. Das ist in keiner Weise eine Hilfe, sondern es demütigt das kleinere Kind.

Immer das jüngste Geschwister am Rockzipfel? Dazu hat keiner Lust

Können Eltern Geschwisterliebe fördern?

Eltern können einiges tun, damit sich ihre Kinder mögen und verstehen:
- durch die vorbildhafte Liebe für all ihre Kinder;
- indem sie sich um Gerechtigkeit bemühen;
- indem sie kleinere Kinder bei der Lösung ihrer Konflikte auf unparteiische Weise unterstützen;
- indem sie die Kinder einander nahe bringen und um Verständnis füreinander werben;
- indem sie zulassen, daß sich die Kinder ab und zu gegen die Eltern verbünden.

»Habt Euch doch ein bißchen lieb!« Solche Aufforderungen sind völlig sinnlos

Kinder beobachten genau, wie die Eltern miteinander umgehen

DIE ATMOSPHÄRE in der Familie entscheidet über eine liebe- und verständnisvolle Geschwisterbeziehung. Manche Experten sagen sogar, in der Art und Weise, wie Geschwister miteinander umgehen, spiegele sich der Familienstil wider. »Feindselige, hinterlistige Kinder, die sich eine Gemeinheit nach der anderen zufügen, plaudern sehr viel über den Familienstil aus. Das heißt keineswegs, daß sich die Eltern die Köpfe einschlagen. Vielmehr deckt das Verhalten der Geschwister untereinander das auf, was in der Familie ganz subtil abläuft«, meint die Entwicklungspsychologin Dr. Karin Großmann.

Die lieben Geschwister **47**

III.

WENN DAS ZWEITE MÄCHTIG WIRD

Geschwister spielen am liebsten »Vater, Mutter, Kind«

Vom ersten Atemzug an lernt ein Mensch durch seine nächsten Angehörigen, wie man zwischenmenschliche Beziehungen gestaltet. Auch die Einstellungen und Verhaltensweisen, die die elterliche Beziehung bestimmen, schauen sich die Kinder genau an – und nehmen sich ein Beispiel. Den anderen nie ausreden lassen, seine Argumente vom Tisch fegen oder nach einem Streit giftig schweigen – all die Dinge also, die eine Partnerschaft krank machen, haben eine negative Vorbildwirkung auf die Kinder.

Wenn die Eltern bei ihren Kindern um Verständnis füreinander werben, gibt es auch mehr Einfühlungsvermögen unter den Geschwistern. »Der kann doch nichts dafür…«, »Er wollte halt so gern…«, »Sie hat das doch nicht mit Absicht gemacht!«, »Er hat es doch nur gut gemeint.« Dieses Partei-Ergreifen im positiven Sinne schafft ein konstruktives Familienklima, das sich immer förderlich auf die Geschwisterbeziehung auswirkt.

Mit diesem Werben um Verständnis kann man schon ganz früh anfangen. Wenn Mutter oder Vater mit dem Größeren darüber sprechen, warum das Kleine weint (»Er hat eine nasse Windel« oder »Sie ist schon so lange allein« oder »Er hat jetzt bestimmt Hunger«), dann fordert man damit das größere Kind auf, sich in das Geschwister hineinzufühlen.

> GESCHWISTERLIEBE HEISST, einander zutiefst zu kennen. Geschwisterliebe hat weniger mit Zärtlichkeit und Zuneigung zu tun. Die Geschwister haben einander geprägt und kennen keinen anderen Menschen so gut wie den eigenen Bruder oder die eigene Schwester. Wissenschaftliche Untersuchungen bestätigen außerdem die Vorbildwirkung der elterlichen Beziehung: Wenn die Eltern Verständnis füreinander haben und ihre Konflikte konstruktiv lösen, dann sind auch die Geschwisterbeziehungen gut.

VATER, MUTTER, KIND

Später können Geschwister lernen, sich auch einmal in die Lage eines Unruhestifters hineinzuversetzen. »Er hat wegen seinem Husten schlecht geschlafen.« »Sie ist sauer, weil ihre Freundin sie gehauen hat …« So lernen Kinder, daß man die Wut oder die schlechte Laune des anderen nicht gleich persönlich nehmen muß. Hier kann man auch vermitteln, daß das, was andere Menschen einem »antun«, nicht unbedingt in böser Absicht geschieht.

»Nimmst Du auch von mir einen Löffel Brei?«

IV. Fürs Leben lernen

Nirgendwo sonst wird ein Mensch in seinem Denken und Fühlen so geprägt wie in der Familie. Welche seiner Eigenschaften geliebt, welche abgelehnt werden – das formt seine Persönlichkeit

IV.

FÜRS LEBEN LERNEN

Wenn es in einer Familie nur harmonisch zugeht, stimmt etwas nicht

»Die Familie ist für das Kind die erste soziale Gruppe, der Probenraum für das größere Drama, das die Erwachsenen spielen … Das Gewebe der menschlichen Kontakte kann heiter und ausgeglichen oder verworren und gestört sein, doch stets wird der Mensch durch die von seinen Eltern und Geschwistern geprägte Lebensrolle beeinflußt«, schreibt die amerikanische Psychologin Lucille K. Forer in ihrem Buch »Erstes, zweites, drittes Kind …« (Rowohlt Verlag).

Der einzelne kann sich nur wohlfühlen, wenn es ihm gelingt, die Bedürfnisse anderer ebenso zu berücksichtigen wie seine eigenen. Damit ein Mensch in einem sozialen System gut »funktioniert«, muß er aber auch mit sich selbst zufrieden sein. Deshalb müssen Eltern ihren Kindern helfen, das Beste aus ihren Anlagen zu machen, und sie zu Kooperation, Toleranz und Gemeinsinn ermutigen. Das sind Einstellungen und Fähigkeiten, die allen Menschen helfen, zu sich selbst und anderen eine gute Beziehung zu entwickeln.

Freie Fahrt für Lebens-Gefühle

In der Familie erfahren Kinder, daß das Zusammenleben mit anderen Menschen eine ganze Bandbreite von mehr oder weniger angenehmen Gefühlen mit sich bringt: Liebe, Freude, Zuneigung, Zärtlichkeit, Herzlichkeit, Wärme und Solidarität, aber auch Wut, Eifersucht, Neid, Haß, Schadenfreude, Verletztheit und Angst.

Kinder, die nicht auch aggressiv sein dürfen, haben als Erwachsene meist ein verstümmeltes Gefühlsleben

Bereits mit einem Jahr kann ein Kind Gefühle unterdrücken, wenn es spürt, daß diese unerwünscht sind. Und je häufiger es seine Gefühle unterdrücken mußte, um so mehr verliert es den Kontakt zu ihnen. Das hat schlimme Folgen für seine Fähigkeit zu zwischenmenschlichen Beziehungen. »Ein Mensch, der sich selbst nicht fühlt, kann kein Gefühl für andere haben, und kann deshalb auch nicht kommunizieren!« sagt Dr. Inge Flehmig, Chefärztin des Hamburger Sozialpädiatrischen Zentrums und Leiterin des Instituts für Kindesentwicklung.

IN DER FAMILIE SOLLTE DER PLATZ SEIN, wo alle Gefühle gelebt werden dürfen und nicht bestraft werden. Das ist leichter gesagt als getan, denn wir »Großen« haben verlernt, auch mit Wut oder Eifersucht und Neid richtig umzugehen.

LEBENS-GEFÜHLE

Eifersucht ist ein ganz wichtiges Gefühl!

Das erste »große« Gefühl, mit dem sich ein Geschwister auseinandersetzen muß, ist die Eifersucht. In einer wissenschaftlichen Studie wurde festgestellt, daß ein Erziehungsstil, der das Ausleben der Eifersucht des Erstgeborenen strikt verbietet, zu schweren Lebensproblemen führt. Wenn die Aggressionen, die natürlicherweise aufkommen, um die Liebe der Mutter zurückzugewinnen, streng bestraft werden, lernt das Kind, seine Gefühle zu unterdrücken – aus Angst vor eben diesen harten Strafen. Unterdrückte Gefühle entwickeln sich jedoch über Jahre zum Krankheitsherd.

Keine Eifersucht zulassen

heißt auch: Das ältere Kind muß immer Rücksicht nehmen, soll immer vernünftig sein. Das kleine Kind darf alles kaputtmachen, ohne daß dem großen das Recht eingeräumt wird, sich dagegen zu wehren. Das große hat plötzlich kein eigenes Spielzeug mehr, sondern »das gehört jetzt euch beiden!«.

Gefühlsäußerungen nicht bestrafen, sondern beantworten!

Unter Geschwistern braucht man kein Blatt vor den Mund zu nehmen

Natürlich kann man Eifersuchtsausbrüche nicht grenzenlos hinnehmen. Aber Strafen (kein Abendessen, Wegnehmen von Lieblingsspielzeug, Ins-Zimmer-Sperren oder gar Schläge) haben gerade in dieser Phase zerstörerische Wirkung. Entscheidend ist, daß man die Signale des Kindes versteht und beantwortet. Eifersucht heißt: Ich habe Angst, dich zu verlieren. Man kann dem Kind die Eifersucht nicht abnehmen, aber man kann ihm zeigen: Ich liebe dich noch genauso wie vorher, auch wenn ich weniger Zeit für dich habe.

Die lieben Geschwister

IV.

FÜRS LEBEN LERNEN

Kinder behutsam zu begleiten und zu lenken – das ist der moderne Erziehungsstil

Was ist mit anderen »unliebsamen« Gefühlen wie Wut, Neid und Schadenfreude? Wieviel davon kann man unter Geschwistern zulassen? Die Geschwisterbeziehung ist die erste und einzige Beziehung im Leben eines Menschen, in der man sich fast vollkommen angstfrei ausleben kann. Liebesentzug und Verlassenwerden – die schlimmsten Strafen zwischen zwei Menschen – gibt es hier nicht, bzw. sie sind unwirksam. Das heißt aber nicht, daß man unter Geschwistern einen Gefühls-Vandalismus zulassen sollte.

> DAMIT GESCHWISTER zu kommunikationsfähigen Wesen heranwachsen, ist es wichtig, daß Eltern
> - Empathie wecken, d.h. die Fähigkeit, sich in andere Menschen hineinzufühlen;
> - soziales Empfinden fördern;
> - unerwünschte Gefühle nicht durch Liebesentzug bestrafen oder unterdrücken.

Weil Eltern Vorbild sind, sollten sie auch im Umgang mit ihren eigenen Gefühlen Reife beweisen: Gefühlsstau vermeiden heißt Ausbrüche vermeiden. Die Psychologin und Familienforscherin Dr. Anette Engfer warnt jedoch: »... ich bin nicht für das, was jetzt in vielen therapeutischen Gruppen gepredigt wird, nämlich seine Gefühle immer offen zu zeigen. Das darf man in der Beziehung zu Kindern nicht, denn Kinder können das noch nicht verkraften.«

»Kannst du deiner Schwester nicht mal helfen?«

Tugenden sind nicht angeboren

Hilfsbereitschaft kann ein Kind erst zeigen, wenn es eine bestimmte Geistesleistung vollbringen kann. Nämlich, sich vorzustellen, daß ein anderer Mensch ein Bedürfnis hat, das es selbst im Moment nicht hat.

Um dem Geschwister spontan zu helfen, muß das Kind nicht nur diese Reife haben, sondern auch die Möglichkeit, am Modell zu lernen (so nennen das die Fachleute), d.h., es muß dieses soziale Verhalten immer wieder sehen können. Die kleinen und großen Gesten der

BRÜDERLICH TEILEN

Hilfsbereitschaft zwischen den Eltern werden von den Kindern genau registriert und irgendwann nachvollzogen. (Aggressionen werden allerdings wesentlich schneller imitiert als soziales Verhalten.)

Mitgefühl mit anderen Menschen und den Wunsch, ihnen Trost zu spenden, sieht man schon bei Zwei- bis Zweieinhalbjährigen. Wenn Kinder sich in den Haaren gelegen haben, sollten sie auch die Möglichkeit bekommen, die Sache wiedergutzumachen. Oft aber schreiten die Eltern aus übertriebenem Verantwortungsgefühl, aus Gereiztheit oder Unduldsamkeit ein und nehmen dem Kind diese wichtige Chance.

Kinder brauchen viel Zeit, um Verständnis für andere zu entwickeln

Was heißt hier »brüderlich« teilen?

Die Fähigkeit zum Teilen und Hergeben bringt ein Mensch nicht mit auf die Welt. Bevor man überhaupt teilen kann, muß man erfahren haben, wie das ist, wenn man etwas besitzt. Deshalb muß jedes Kind einige Spielsachen haben, die ihm allein gehören.

Teilen setzt ebenfalls eine geistige Leistung voraus: Das Kind muß sich vorstellen können, daß ein anderer etwas mit ganzem Herzen begehrt, was man selbst hat. Diese Leistung des Vorstellungsvermögens kann ein Kind keinesfalls vor dem Alter von drei Jahren vollbringen. »Gerechtes« Teilen, bei dem nicht nur abgegeben wird (»Das größte Stück bleibt mir!«), sondern wirklich halbe/halbe gemacht wird, kann man sogar erst ab etwa sieben Jahren erwarten.

Solange ein Kind nicht in der Lage ist, die Situation des anderen zu erkennen, wäre Teilen nur ein schmerzliches Weggeben-Müssen. Sehr ungünstige Auswirkungen kann auch das Erziehungsziel mancher El-

Erziehung zur Nächstenliebe kann man auch übertreiben

IV.

FÜRS LEBEN LERNEN

Friedfertigkeit ist positiv, dennoch darf man Kinder nicht zu wehrlosen Menschen erziehen

tern haben, die Kinder zu »barmherzigen Samaritern« zu machen. Dazu die Kinderpsychotherapeutin Susanne Hauser: »Wenn einem kleinen Kind, das sich wegen irgendwelcher Spielsachen mit einem anderen Kind in die Haare gerät, immer wieder suggeriert wird, daß es abgeben muß, nichts für sich behalten und auf keinen Fall körperlich aggressiv werden darf, kann das schwerwiegende Folgen haben. Wenn das mal gelaufen ist, dann ist dem Kind im Grundschulalter die Reaktionsmöglichkeit des Sich-Wehrens nicht gegeben.«

> WARMHERZIGE UND GROSSZÜGIGE ELTERN haben durch ihr Vorbild häufiger Kinder, die gut teilen können (Ausnahmen bestätigen die Regel!). Offensichtlich gibt dieser Erziehungsstil den Kindern Sicherheit und Selbstvertrauen. Kinder, die sich glücklich und stark fühlen, können leichter teilen als diejenigen, die von Traurigkeit und Versagensängsten bedrückt werden.

Teilen? Nichts ist schwieriger als das!

Je größer die Kinder werden, um so leichter tun sie sich mit dem Abgeben und Teilen. Am besten ist es, wenn man sie immer selbst bestimmen läßt, was und wieviel sie hergeben. Man braucht keine Sorge zu haben, daß das immer nur der Ausschuß ist!

Brüderchen und Schwesterchen: Was ist mit dem kleinen Unterschied?

Das eigene Rollenverständnis und Verhalten sind die wirksamsten Vorbilder für Töchter und Söhne

Viele von uns Müttern kennen das aus eigenen Kindertagen: Mit Brüdern, Cousins und Nachbarjungen Cowboy und Indianer zu spielen oder auf Bäume zu klettern, fanden wir manchmal sehr viel aufregender, als den Puppenwagen vor uns herzuschieben. Die meisten von uns sind aber dann mehr oder weniger deutlich darauf hingewiesen worden, daß ein Mädchen »so etwas nicht spielt«.

Natürlich sind wir heute fortschrittlich und erziehen unsere Kinder nach gleichen Maßstäben – egal ob Bub oder Mädchen. Natürlich

DER KLEINE UNTERSCHIED

wollen wir, daß unsere Söhne keine Machos werden. Und natürlich wollen wir, daß unsere Töchter sich eines Tages in einer (noch immer!) frauenfeindlichen Gesellschaft behaupten können. Ein großes Ziel – was tun wir dafür? Was können wir überhaupt tun?

Die genetisch bedingten Wesensunterschiede und Spielpräferenzen darf und will niemand wegdiskutieren: Mädchen sind im allgemeinen umgänglicher, nachgiebiger, mütterlicher, fürsorglicher, anpassungsbereiter und sprachlich begabter. Buben sind im allgemeinen aggressiver, beherrschender, lebhafter, begabter im räumlichen Denken. Es gibt Mädchen, die sehr bubenhaft veranlagt sind, und Buben, die viele eher weiblich apostrophierte Züge haben.

Mädchen scheinen sehr früh zu lernen, still zu funktionieren und unaufgefordert Leistung zu bringen. Mädchen entwickeln sich eher familienzentriert, während Buben sich früher nach außen orientieren und dort auch eine ganze Menge aufschnappen.

Heute unumstritten: Erziehung ist längst nicht alles!

FÜRS LEBEN LERNEN

Mädchen, die sich »unweiblich« verhalten, erfahren weit weniger Druck als Jungen, die sich »unmännlich« geben

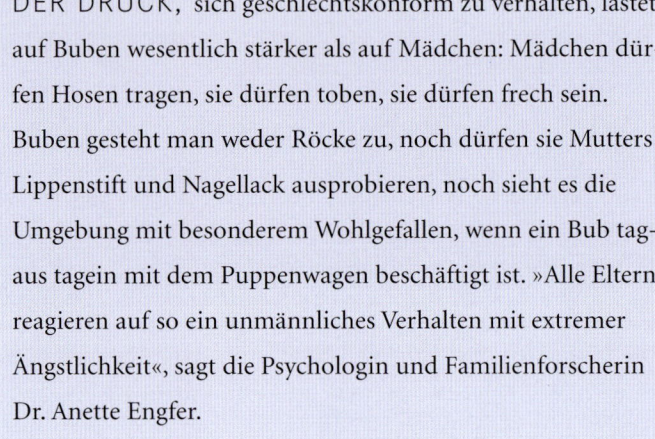

DER DRUCK, sich geschlechtskonform zu verhalten, lastet auf Buben wesentlich stärker als auf Mädchen: Mädchen dürfen Hosen tragen, sie dürfen toben, sie dürfen frech sein. Buben gesteht man weder Röcke zu, noch dürfen sie Mutters Lippenstift und Nagellack ausprobieren, noch sieht es die Umgebung mit besonderem Wohlgefallen, wenn ein Bub tagaus tagein mit dem Puppenwagen beschäftigt ist. »Alle Eltern reagieren auf so ein unmännliches Verhalten mit extremer Ängstlichkeit«, sagt die Psychologin und Familienforscherin Dr. Anette Engfer.

Warum aber sind Buben in jeder Hinsicht krankheitsanfälliger als Mädchen? Warum haben Buben mindestens doppelt so häufig Verhaltensstörungen wie Mädchen? Dazu noch einmal Dr. Anette Engfer: »Erstens werden Buben neurologisch später reif, sie sind somatisch empfindlicher, sie sind häufiger zu finden bei Sprachstörungen wie Stottern. Zweitens sind aber Verhaltensstörungen von Buben sozial weniger akzeptierbar, weil sie nämlich störender sind. Wenn Buben verhaltensgestört sind, sind sie häufig aggressiv verhaltensgestört, während Mädchen ihre Verhaltensstörung eher im Stillen ›ausbrüten‹ – durch Zurückgezogenheit und Schüchternheit beispielsweise.«

Jungs – das schwächere Geschlecht?

Viele Eltern überwachen gerade die Entwicklung ihrer Söhne besonders ängstlich, weil sie »Stammhalter« sind und später eine Familie ernähren müssen. »Ergo sieht man häufiger Anlässe, etwas zu ändern, wenn bei einem Buben etwas schiefläuft«, sagt Dr. Anette Engfer.

Wir Eltern müssen unsere Maßstäbe überprüfen. Denn durch unsere Bewertung geben wir bisweilen kritiklos an die Kinder weiter, was gesellschaftlich erwünscht ist und wie ihre jeweilige Geschlechterrolle auszusehen hat. Nicht selten sind wir Eltern – vor lauter Gedankenlosigkeit – das ewiggestrige Vorbild. Wie schnell sagt man als Mutter: »Das muß der Papa machen, das kann ich nicht!«, wenn es um irgendwelche Reparaturen geht. Und wie oft schicken Väter ihre Kinder zur

Mama, wenn diese sich vollgekleckert, naßgemacht oder verletzt haben. Natürlich gibt es sie – die neuen Väter und die neuen Mütter, die sich all diese Aufgaben immer teilen, aber es sind noch viel zu wenige!

Nach wie vor leben wir in einer männerdominierten Gesellschaft

Konfliktbewältigung: Hier werden Grundsteine gelegt

Ohne Konflikte geht es nirgendwo im Leben, auch nicht in der glücklichsten Familie. Und das ist gut so, denn kaum etwas bereitet Kinder besser auf ihr weiteres Leben vor als die Erfahrung, wie Konflikte und Streitigkeiten in ihrer Familie gelöst werden. Die Erfahrung, daß man auch sehr bedrohlich erscheinende Situationen meistern kann, macht Kinder stark.

»Man sollte so wenig wie möglich eingreifen«, sagt Dr. Anette Engfer, »weil die Kinder ja miteinander Regeln aushandeln müssen, nach denen sie zusammenleben wollen. Denn gerade das Aufwachsen mit Geschwistern stellt diese Aufgabe, daß man miteinander irgendwie klarkommen muß. Und das ist ja ausgesprochen wichtig für das spätere Leben.«

Eingreifen sollte man nur dann, wenn die Konflikte immer zu Ungunsten eines Kindes ausgetragen werden. Dieses Eingreifen sollte aber nicht darin bestehen, dem »Unterdrücker« Vorwürfe zu machen, sondern darin, die Spielbereiche klar zu trennen. Wenn Eltern beim Lösen eines Konflikts helfen müssen, haben sie gleichzeitig die große Chance, die Geschwisterbeziehung positiv zu beeinflussen. Indem Eltern einem Kind die Gefühlslage des anderen erklären, erreichen sie auf lange Sicht, daß die Kinder auch verständnisvoll miteinander umgehen.

Was aber ebenso wichtig ist: Daß die Eltern auch mit ihrem eigenen Verhalten zeigen, daß sie nicht nur leere Wort machen. Wenn man die Kinder beschimpft und gar anschnauzt, wenn sie nicht tun, was man von ihnen erwartet, wirkt man natürlich nicht sonderlich glaubwürdig mit den Appellen an Einfühlungsvermögen und Fürsorglichkeit.

Pflegen die Eltern eine vorbildliche Streitkultur, können sich auch ihre Kinder eines Tages konstruktiv auseinandersetzen

Elterliche Machtkämpfe sind Streitmodelle für Kinder. Kinder schauen ihren Eltern gern zu, wenn die sich streiten. Es wird ihr eigenes Verhalten prägen, wenn sie mitkriegen, daß nicht einer der beiden

IV.

als Sieger hervorgehen möchte, daß immer mal der Satz fällt »Ich möchte dich ja wirklich verstehen!« und daß keine pauschalen Anklagen (»Du machst doch immer ...!«) in den Raum gestellt werden.

Wenn Eltern allerdings so tun, als gäbe es nirgendwo in ihrem Leben Schwierigkeiten, wenn sie nie einen Konflikt offen austragen und fair bewältigen, wenn sie Kritik brüsk zurückweisen und keine eigenen Fehler eingestehen können, werden sich auch die Kinder im Umgang miteinander schwer tun. Wenn Kinder aber erleben, daß das Zusammengehörigkeitsgefühl in der Familie bestehenbleibt, auch wenn mal der Haussegen schief hängt, können sie ihr Zusammenleben positiv gestalten.

Unausgesprochene Konflikte belasten die ganze Familie

Jede Familie hat ihren eigenen Stil, mit Konflikten umzugehen, sie anzupacken und sie zu lösen. Es kann aber in jeder Familie passieren, daß Probleme nicht durchschaut werden, und demzufolge nicht angepackt werden können. Wenn einer in der Familie leidet – das kann sich durch besondere Schüchternheit, außergewöhnliche Gereiztheit oder durch Depressionen äußern – ist dies oft ein Symptom für einen Familienkonflikt. Kinder sind besonders häufig »Symptomträger«, weil sie sich noch nicht bewußt mit Problemen auseinandersetzen können. Wann immer eine Familie das Gefühl hat, mit ihren Schwierigkeiten nicht mehr fertig zu werden, sollte sie sich helfen lassen. Es ist keine Schande, Probleme zu haben. Vielmehr ist es in der heutigen Zeit – angesichts der vielen Beratungsmöglichkeiten – ein unverzeihliches Versäumnis, keine Hilfe in Anspruch zu nehmen.

Bei anscheinend unlösbaren Konflikten innerhalb der Familie sollte man sich nach professioneller Hilfe umsehen

> **DAS FAMILIENLEBEN** fungiert als Übungsfeld der Zwischenmenschlichkeit. Rivalitäten zwischen Geschwistern sind normal. Werden sie unterdrückt oder bestraft, können schwere Lebensprobleme die Folge sein. Eltern sollten um Verständnis füreinander werben, zum Teilen und Abgeben auffordern, aber es nicht verlangen. Bei der Suche nach Konfliktlösungen müssen Eltern kleinen Kindern helfen. Später sollten sie nur noch eingreifen, wenn es immer derselbe ist, der den Kürzeren zieht.

ROLLENVERTEILUNG

Die Rollenverteilung in der Familie prägt fürs Leben

Jedes Kind kommt mit einem großen Rucksack voller Eigenschaften, Neigungen und Fähigkeiten auf die Welt. Ob es diesen Rucksack im Laufe seines Lebens ganz oder nur zu einem Teil auspacken und nutzen wird, hat sehr viel mit den Menschen zu tun, mit denen es lebt und zu denen es sich zugehörig fühlt. Denn in jeder Gemeinschaft, in jeder Familie sind nur bestimmte Rollen zu vergeben. Das ist nicht grundsätzlich negativ, denn eine Rolle bedeutet Sicherheit und Abgrenzung, verschafft Aufmerksamkeit und Vertrautheit. Eine Rolle zu haben, heißt zu wissen: Ich habe bestimmte Eigenschaften und ein bestimmtes Verhalten, und Ihr habt Erwartungen an mich. Das ist eine wichtige Regelung innerhalb der Familie.

Manchmal bedrückend: die Rollenvergabe

Das Familienleben kann nur dann lebendig und spannend bleiben, wenn niemand in starre Rollen gezwängt wird, sondern jeder die Möglichkeit bekommt, auch einmal eine andere Rolle zu spielen. Im späteren Leben müssen wir ein ganzes Repertoire auf Lager haben. Wie gut, wenn man als Kind dafür hat üben können!

In allen Familien gibt es beides: die glücklichen und die belastenden Situationen

FÜRS LEBEN LERNEN

»Es ist immer wieder dasselbe!« – »Das sieht dir ähnlich!« – »Typisch!« Diese Aussprüche gibt es wohl in jeder Familie; sehr viel Wohlwollen liegt meist nicht darin. Man ärgert sich, daß der Partner oder die Kinder keine Anstalten machen, ein eingefahrenes Verhalten zu ändern. Daß solche »Wiederholungs-Taten« auch ein ganzes Stück Vertrautheit in der Familie ausmachen, wollen die wenigsten wahrhaben. Die Umwelt stabilisiert (oft nur in einer bestimmten, vorübergehenden Phase auftretende) Wesensmerkmale nicht nur durch ihr Verhalten, sondern eben auch durch Rollenzuschreibungen bzw. Erwartungshaltungen. Das Kind hat eine Reputation, ein Image, dem es gerecht zu werden versucht.

In einer neuen Umgebung werden auch die Rollen neu verteilt

KINDER LERNEN AM LIEBSTEN VON KINDERN.

Man weiß heute, daß das ältere Kind ein besserer Lehrmeister für seine kleineren Geschwister ist als die Eltern. Fachleute nennen das »Horizontale Orientierung«. Für den Kleinen ist das Entwicklungsstück, das der Größere voraus hat, erreichbar, und der Größere ist oft besser als ein Erwachsener in der Lage, sein Wissen, sein Können und seine Erfahrungen zu vermitteln.

Ob Sonnenschein oder Querulant, Diva oder Hasenfuß – glücklicherweise bekommen Kinder mit dem Eintritt in den Kindergarten und später in die Schule eine neue Chance: Da sind Menschen, die sie mit frischem Blick sehen. Da lernen die einen vielleicht eine neue Bescheidenheit, die anderen können eine bedrückende Rolle abstreifen und sich in eine andere Richtung entwickeln. Nicht selten manifestieren die Rollenerwartungen in einer Familie auch ein ungünstiges verhaltensmuster. Beispiele: Wenn ein Kind wenig spricht, wird ihm oft auch wenig Rede-Raum gewährt. Aus Gewohnheit …

Auch wer Geschwister hat, braucht Freunde!

Damit belastende Rollen nicht zur Lebensrolle werden, ist es auch so wichtig, daß eine Familie sich nicht abkapselt. Jeder Mensch braucht andere Menschen zur Weiterentwicklung. Gesunde Kinder suchen nach neuen Kontakten, egal wie viele Geschwister sie haben. Sie sehnen sich danach, auch einmal eine andere Rolle zu spielen.

ROLLENVERTEILUNG

Von Sündenböcken, Angsthasen und Engelchen

Wenn man immer Partei für das kleinere ergreift, drängt man beide Kinder unvermeidlich in die Rollen Sündenbock und Opferlamm. Die Kinder kommen allmählich zu der Überzeugung, daß sie so sind, wie es aus der Reaktion der Eltern zu schließen ist: Das große ist böse und grob, das kleine lammfromm und schwach. Bei dieser Rollenverteilung bleibt es dann oft über Jahre. Für den Sündenbock lohnt es sich gar nicht mehr, eine »konstruktive Konfliktlösung« anzustreben – er ist ja doch immer der Böse. Gleichzeitig tut man aber auch dem vermeintlichen Unschuldslamm keinen Gefallen: Es lernt nicht, sich selbst zu verteidigen und Verantwortung zu übernehmen.

Auch Sündenböcke sind arm dran ...

»Charakterrollen« werden nicht selten von den Eltern selbst vergeben und festgeschrieben, ohne daß sie in ihrem hektischen Alltag etwas davon merken. Wenn man das Größere beispielsweise immer wieder en passant ermahnt, »nicht so grob« zum Kleineren zu sein, und dies, obwohl sich das kleinere Geschwister längst zu einem kräftigen Kobold entwickelt hat, dann könnte sich im so Ermahnten festsetzen: »Ich bin ein Grobian. Wenn ich mich wehre, mache ich meinen Bruder/meine Schwester kaputt!« Die Gefahr dabei: Eine faire Auseinandersetzung gibt es für diese Kinder möglicherweise nicht mehr – auch nicht mit gleichaltrigen Kindern außerhalb der Familie.

FÜRS LEBEN LERNEN

Wenn einer seiner Rolle nicht entfliehen kann

Ängstliche Kinder haben es schwer. Denn es macht einen Heidenspaß, jemand anderem Angst zu machen, wenn der Erfolg so sicher ist. Wie soll ein ängstliches Kind seiner Rolle entkommen, wenn es immer wieder in die Falle gelockt wird? Ängstliche Kinder kann man nicht unter der Käseglocke halten, aber man sollte unermüdlich darin sein, bei den Geschwistern Verständnis zu wecken. Vielleicht hat eines der anderen Kinder Angst vor Hunden und weiß, was für ein scheußliches Gefühl das ist.

Alle Kinder, die ängstlichen und die weniger ängstlichen, machen sich Mut, indem sie gruselige Geschichten (auch Märchen gehören dazu!) wieder und wieder hören wollen. Da wird alles gut, und auch die Kinder fühlen sich zum Schluß als Sieger. Was ängstlichen Kindern im Spiel mit den Geschwistern helfen kann: Wenn sie selbst als furchterregende Gestalt agieren können, beispielsweise als Gespenst. So eine Rollenverteilung kann man als Eltern durchaus initiieren. Hier führt das ängstliche Kind Regie und muß sich der Angst nicht ausgeliefert fühlen.

Ängstlichen Kindern sollte man nach Kräften den Rücken stärken

> WENN EINEM SEINE ROLLE SCHADET: Es kann das Jüngste sein oder das einzige Mädchen unter lauter Jungen – manche Kinder erfahren eine Sonderbehandlung. Ob sich die vor allem im Koseverhalten ausdrückt oder durch besonderes Lob, so etwas kann ein gefundenes Fressen für die Geschwister sein. Sie greifen die elterlichen Worte gerne auf und ziehen sie derartig ins Lächerliche, daß das betroffene Kind sich über seine Bevorzugung nicht mehr freut.

Der ewige Verlierer

Manche Eltern hören den Rat, den Verlierer nicht zu sehr zu bemuttern oder zu bevatern, denn sonst würde es nur zum Mama- oder Papakind. Doch für diese Verhaltensweise sind wir genetisch program-

miert. Eine Mutter kann – außer sie ist schwerstens neurotisch – gar nicht überbeschützen! Zum Muttersöhnchen wird sich ein Kind nur dann entwickeln, wenn es immer um die Liebe der Mutter betteln muß und sie doch nie oder nur in unzureichendem Maß bekommt.

Was man dennoch nicht tun sollte: Dem Getriezten Dauerschutz auf dem Arm oder in Elternnähe gewähren und den Provokateur bestrafen. Mit ziemlicher Sicherheit erreicht man mit diesem Vorgehen nur, daß der (bevorzugte) Verlierer noch mehr drangsaliert wird – diesmal sogar mit einigem Grund. Außerdem praktiziert man damit eine »Rollenfestschreibung«.

Unterstützen ist besser als beschützen

Das begnadete Geschwister

Wie erleben Kinder ein besonders begabtes Geschwister? Fühlen sie sich nicht zwangsläufig zurückgesetzt? Es liegt an den Eltern, ihren Kindern immer wieder zu zeigen, daß sie um ihrer selbst willen geliebt werden und nicht wegen einer (wie auch immer gearteten) Begabung. Die Begabten sind vom Schicksal bevorzugt – das genügt!

Spielt eins der Kinder besonders schön Klavier, sollte man nicht von »unserem Wunderkind« sprechen. Verwandte, Bekannte und Fremde werden das Wunderkind ohnehin bei jedem Besuch bestaunen, und es wäre schön, wenn die Eltern ab und zu ausgleichend eingreifen und die Aufmerksamkeit auch auf die Künste der anderen Kinder lenken würden – selbst wenn diese weniger spektakulär sind. Wenn die staunenden Gäste nicht ganz unsensibel sind, werden sie diese Aufforderung sofort richtig verstehen.

Geschwister besonders begabter Kinder brauchen eine Extraportion Elternliebe

Ein anderes Problem: Die eine Tochter ist ein Talent an der Ballettstange, der anderen fehlt diese Begabung, und sie plagt sich sehr. Wie sollte man sich da verhalten? Ist es nicht am besten, wenn man Kindern beizeiten die Illusion nimmt und sie auf den richtigen Weg bringt?

Besser nicht. Wenn man das weniger begabte Kind einfach aus dem Unterricht nimmt, könnte es das so verstehen: »Ich bin nicht soviel wert wie meine Schwester! Es lohnt sich nicht, meine Unterrichtsstunden zu bezahlen!« Ganz und gar brutal wäre die Holzhammer-Methode: »Du siehst doch, daß du das nicht so kannst wie Sabrina! Investier deine Kräfte lieber anderswo!« Fast jeder von uns kennt einen Menschen, der unter einem »Vorzeige«-Geschwister (zeitlebens) gelitten hat.

IV.

FÜRS LEBEN LERNEN

Jedes Kind hat irgendein Talent, man muß nur danach suchen

Unabhängig davon sollte man Alternativangebote machen, z. B. mit dem Kind auf einen Reiterhof fahren, beim Reiten und Voltigieren zuschauen lassen, einen Malkurs buchen (z. B. bei der Volkshochschule) oder mal beim Turnverein reinschauen; gelegentlich werden Turnstunden mit Tanzübungen für Kinder angeboten. Mitunter ist viel Geduld (und etwas Geld) vonnöten, bis ein Kind seine Stärken zeigen kann.

Extra-Würste bringen immer Probleme mit sich

Jede Sonderrolle in einer Familie muß von allen Familienmitgliedern mitgetragen werden. In der Praxis darf das jedoch nicht heißen, daß sich das ganze Leben auf die Förderung und den Ausbau einer Begabung ausrichtet, daß ungeheuer viel Zeit für das Chauffieren zum Unterricht und gemeinsames Üben draufgeht. Vielleicht findet sich im Freundes- oder Bekanntenkreis jemand, der einen Teil der Chauffeurs-Dienste übernehmen kann, ein anderer, der – weil ebenso talentiert – mit dem Kind ab und zu üben mag.

Bei kleinen Genies besteht die Gefahr, daß ihnen die ganz normale Kindheit verlorengeht

Manche Eltern sehen vor lauter Begeisterung über ein besonders wohlgeratenes Kind die Kehrseite der Medaille nicht: Das begabte Kind lebt – im Vergleich zu seinen Geschwistern – mit der großen Bürde, die elterlichen Erwartungen nicht zu enttäuschen. Außerdem muß es mit einer verstärkten Geschwisterrivalität fertig werden, wenn die Eltern ihm offenkundig mehr Liebe und Anerkennung zuteil werden lassen. Die Geschwister werden es vielleicht ausschließen, möglicherweise sogar schikanieren, um sich für die Bevorzugung zu rächen.

Lob für ein Kind kann wie Tadel für sein Geschwister wirken

Deshalb wird man sich ab und an selbst ins Gebet nehmen müssen, um zu fragen, welchen Stellenwert die Begabung eines der Kinder im Leben der Familie hat. Und man sollte sich ehrlich fragen, ob man die Fähigkeiten des Kindes nicht überschätzt. Experten haben beobachtet, daß dies gar nicht selten der Fall ist.

Wenn die Eltern ein bestimmtes Merkmal eines Kindes stark fördern, während die anderen »so mitlaufen«, führt das unweigerlich zu Spannungen unter den Geschwistern. »Entwertung oder Überbewertung der Eltern ist der wesentliche Treibstoff für die Interaktionen der Kinder«, schreiben Stephan P. Bank und Michael D. Kahn in ihrem Buch »Geschwister-Bindung«.

DAS BEGNADETE GESCHWISTER

Jedes Kind soll erfahren: Musik, Tanz, Sport sind etwas, woran sich alle erfreuen können – eben nicht nur die, die es besonders gut können. Und sie sollen nie das Gefühl haben müssen, weniger geliebt zu werden, weil sie nicht das »bringen«, was das talentierte Geschwister vorweisen kann.

Es ist höchst selten so, daß alles Positive sich auf ein Kind konzentriert. Das weniger begabte Kind kann besonders warmherzig sein oder besonders humorvoll – das sind Eigenschaften, die für das glückliche Leben eines Menschen ebenso wichtig sind.

Geschwister zu sein, heißt mehr als ein Stück Lebensweg gemeinsam zu gehen

DIE ROLLE DES KINDES – Spiegelbild der Eltern: Welchen Part ein Kind bekommt, hat nicht nur mit seinem eigenen Verhalten, sondern sehr viel mit den Eltern selbst, mit deren Wesenszügen, Verhaltensweisen und ihrer Einstellung zu tun. So sind Eltern beim zweiten Kind gelassener, beschreiben es häufig als unkomplizierter, obwohl sie eigentlich selbst diejenigen sind, die weniger Schwierigkeiten haben als mit dem ersten.

v. Kein Kind ist wie das andere

Die Untersuchung von Milliarden von Fingerabdrücken beweist: Jeder Mensch ist einmalig auf dieser Welt. Sogar eineiige Zwillinge unterscheiden sich an dieser Stelle

V.

JEDES KIND IST ANDERS

Feststeht, daß ein Neugeborenes kein »Mensch ohne Eigenschaften« ist. Feststeht auch, daß sich Geschwister völlig verschieden entwickeln können, obwohl sie doch von den gleichen Eltern gezeugt und erzogen werden. Persönlichkeitsunterschiede hauptsächlich durch die Stellung in der Geschwisterreihe erklären zu wollen, halten viele Experten für zu kurz gedacht.

Von Anfang an ein »fertiger« Mensch

Kein Kind kommt als unbeschriebenes Blatt zur Welt

Von Geburt an redet ein Kind durch sein eigenes Verhalten bei seiner Erziehung mit. Schließlich sind Eltern keine Roboter, die ihr Erziehungsprogramm herunterspulen, egal, was für ein Kind sie vor sich haben, sondern sie reagieren auf ihr Kind. Eltern beispielsweise, deren Erziehungs-Ideal vom »Gewähren-Lassen in weit gesteckten Grenzen« beim ersten Kind gut zu verwirklichen war, können beim nächsten die Erfahrung machen, daß sie andere oder engere Grenzen setzen müssen.

Wenn »unvereinbare« Temperamente aufeinanderprallen

Geschwister, die sich in ihren Besonderheiten akzeptiert fühlen, haben untereinander weniger Konflikte

So unterschiedlich wie Tag und Nacht können Geschwister sein. Das besagt aber nicht, daß sie zwangsläufig nicht miteinander auskommen. Ein gegenseitiges Bereichern kann sich ungestört vollziehen, wenn keines der Kinder das Gefühl haben muß, benachteiligt oder wegen der einen oder anderen Eigenart abgelehnt zu werden.

»Sei nicht so wild mit ihm!« sagt man schnell dahin, wenn man das turbulente Treiben selbst nicht ertragen kann. Aber wer weiß, ob das sanfte Kind diese Wildheit nicht genießt? Vielleicht hilft ihm das Temperament des Geschwisters, aus sich herauszugehen. Wenn es dem Sanftmütigen zu weit geht, wird er sich schon melden. Und sollte der Ungestüme dieses Signal überhören, kann man immer noch einschreiten.

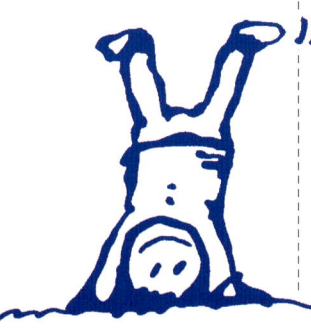

Jedes Kind braucht seinen ganz persönlichen Spielraum

Wenn ein »Feinmechaniker« an die Arbeit geht, kann er es nicht vertragen, wenn im selben Zimmer jemand mit Bauklötzen rumschmeißt.

70 Die lieben Geschwister

oder durch die Gegend tobt. Als Eltern wird man darauf achten müssen, daß die beiden getrennte Wirkungsbereiche haben – vor allem zugunsten des feinnervigen Kindes.

Sonst geschieht es zu oft, das ihm das mühsam zusammengefügte Puzzle durcheinandergebracht, seine Kastanien-Figuren heruntergefegt oder kostbare Malereien zerstört werden. Und das nur, weil der Kraftprotz manchmal nichts mit sich anzufangen weiß. In besonders angespannten Situationen sollten Eltern präsent sein und den Irrwisch zu einer angemessenen Beschäftigung in einem anderen Raum oder zumindest in einer anderen Ecke lenken, z. B. zum Hüpfen und Turnen auf einer alten Matratze.

Aber das Temperamentsbündel soll auch lernen: In jeder Familie gibt es gewisse Regeln, an die sich alle halten müssen. Eine Regel ist beispielsweise, daß man jemanden, der sich auf etwas konzentrieren möchte, in Ruhe läßt. Darauf, daß solche Regeln eingehalten werden, muß man als Eltern achten. Ewige Unstimmigkeiten zwischen zwei gegensätzlichen Seelen könnten aber auch Denkanstöße für die Eltern sein: Will das Sanftmütige die Aufmerksamkeit der Eltern erreichen, indem es alle daumenlang Schützenhilfe anfordert? Will der Unruhegeist verhindern, daß sich die kleine Bastlerin wieder einmal durch ihr Talent hervortut und die Bewunderung der Eltern einheimst?

Mit Unterstützung der Eltern können Kinder lernen, Temperamentsunterschiede zu akzeptieren

AUCH IN EINER DREIERBEZIEHUNG können sich Kinder wegen ihrer Temperamentsunterschiede im Weg sein. Zwei wilde Raufbolde sind nicht unbedingt der Geschmack eines sensiblen, feingliedrigen Dritten. Trotzdem wird dieser nicht immer allein spielen wollen und deshalb immer wieder den Versuch machen, sich den anderen anzuschließen.

Was tun, wenn diese Versuche immer wieder scheitern? Nicht bemitleiden, sondern ermutigen. Ermutigen, seinen eigenen Weg zu gehen, in dem man andere Spielmöglichkeiten oder ein paar Bilderbücher anbietet. Was kaum Sinn hat: Die beiden anderen auffordern, ihn doch in ihr Spiel einzubeziehen.

V.

JEDES KIND IST ANDERS

»Nimm dir doch mal ein Beispiel …«

Das Geschwister als Vorbild? Da sind Abwehr und Haß vorprogrammiert

Natürlich ist ein sanftes Kind, das sich gern allein beschäftigt, pflegeleichter als eines mit großem Mitteilungs- und Bewegungsdrang, das von morgens bis abends plappert und über Tisch und Bänke springt. Das darf man auch still für sich denken, aber man sollte es nie aussprechen: »Nimm dir mal ein Beispiel an Anne-Sophie! Sie spielt immer so nett, und du mußt pausenlos herumtoben! Kannst du dich denn nicht auch mal hinsetzen und ein Bilderbuch anschauen?!«

Dieses »Nimm dir mal ein Beispiel« gehört zu den Eltern-Sprüchen, die über Generationen weitergegeben werden und leider noch immer sehr gedankenlos eingesetzt werden. Dabei verbirgt sich hinter dieser Aufforderung nicht nur Hilf- und Gedankenlosigkeit, sondern auch eine gewisse Bequemlichkeit, echte Argumente zu formulieren. Zudem verstellt dieses Vergleichen der eigenen Kinder untereinander allzuoft den Blick für die Persönlichkeit des kleinen Erdenbürgers.

Über Stärken und Schwächen der Kinder nur leise nachdenken!

Alle Eltern vergleichen ihre Kinder miteinander, das ist normal. Aber man sollte die Bewertungen, die dabei herauskommen, besser für sich behalten. Denn kaum etwas schürt die Eifersucht und Rivalität unter Geschwistern mehr, als wenn einer dem anderen als besser, geschickter, folgsamer usw. vorgehalten wird.

Ständige Vergleiche geben dem Kind das Gefühl: So wie ich bin, bin ich nicht richtig!

Für ein Kind, dessen Selbstwertgefühl ja erst im Wachsen begriffen ist, kann so ein Vergleich mit dem Geschwister sehr entmutigend sein. Vielleicht hat es selbst schon wahrgenommen, daß das Geschwister irgend etwas besser kann. Und vielleicht möchte es auch so geschickt sein – nur, es klappt eben nicht. Hinter der Aufforderung, sich ein Beispiel zu nehmen, könnte ein Kind auch die Botschaft verstehen: »Deine Schwester ist besser – und liebenswerter – als du!«

Wenn ein Kind sich regelmäßig solche Vergleiche gefallen lassen muß, fühlt es sich mit der Zeit herabgestuft. Aus so einer Geschwisterbeziehung kann kaum etwas Gutes werden. Mitgefühl für Bruder oder Schwester zu empfinden – das ist dann einfach zu viel verlangt. Eher entwickelt sich so eine Art »unglücklicher Egoismus«. In vielen Untersuchungen hat man festgestellt, daß sich vor allem die Kinder sozial verhalten, die mit sich selbst zufrieden sind, die sich in ihrer Haut wohl fühlen, die selbstbewußt sind.

NIMM DIR EIN BEISPIEL …

Häufig haben Eltern ihrem erstgeborenen Kind gegenüber besonders hohe Erwartungen

Das Erstgeborene hat immer einen Vorsprung

Das ältere Kind ist in der Regel das geschicktere. Das jüngere wird sich aber nicht rascher entwickeln, wenn man ihm das ältere immer beispielhaft vorführt. Im Gegenteil: Es besteht die Gefahr, daß das jüngere entmutigt wird, denn wie soll es das größere Geschwister je einholen? Aber auch für das Vorbild-Kind ist es eine Bürde, so hochgelobt zu werden.

DAS MASS ALLER DINGE ist für manche Eltern ihr erstes Kind. Im Photoalbum, im Videofilm und im Tagebuch kann man nachsehen, was das Erstgeborene zu welchem Zeitpunkt konnte. Also müßte das zweite Kind das nun allmählich doch auch können … Aber kein Kind ist für das andere der Maßstab! Ein gesundes Kind entwickelt sich gesund und bestimmt sein eigenes Tempo.

Kinder nehmen sich durchaus ganz gern mal ein Beispiel an ihren Geschwistern, am liebsten aber freiwillig. Sie beobachten, sie ahmen nach und wetteifern gern miteinander – wenn sich die Eltern mit Bewertungen zurückhalten. Falls man die Aufmerksamkeit des Kindes auf die Ideen oder die Geschicklichkeit eines anderen Kindes lenken möchte, kann man das beobachtend (und eben nicht belehrend) tun, etwa: »Schau mal, daß ist doch eine gute Idee, so könnten wir's auch machen!«

Die Mutlosen und Unterdrückten

Schüchterner Vater – selbstsicheres Kind? Selten!

»Die lassen mich nicht mitspielen!« Eltern von drei und mehr Kindern bekommen das immer wieder zu hören. Es ist normal, das sich zu bestimmten Spielen auch bestimmte Typen zusammenfinden. Was steckt aber dahinter, wenn es immer dasselbe Kind ist, das nicht mitspielen darf, das gehänselt und unterdrückt wird, daß seine Wünsche nie durchsetzen kann? Oder rundheraus gefragt: Wird ein Kind als Verlierer geboren oder wird es zum Verlierer gemacht?

Dazu die Psychologin und Familienforscherin Dr. Anette Engfer: »Es gibt sicher Kinder, die aufgrund ihrer Veranlagung schwächer sind als andere. Inzwischen gibt es dazu mehr Untersuchungen, deren Ergebnisse allerdings in Deutschland nur ungern rezipiert werden. Sie bestätigen die Bedeutung genetischer Faktoren bei Persönlichkeitsmerkmalen. Gerade so etwas wie Schüchternheit, Mangel an sozialer Durchsetzungsfähigkeit, ist ein Merkmal, das besonders bei Buben genetisch bedingt sein kann. Wenn ein Elternteil auch eher ein zurückhaltender, nachgiebiger Typ ist, muß man Verständnis für das Kind haben!«

Kinder können nicht aufholen, was die Eltern selbst versäumt haben

Dieses Verständnis aufzubringen, fällt nicht immer leicht. Schließlich soll es das Kind einmal besser haben als man selbst. Wenn man als Kind selbst häufiger Verlierer als Gewinner war, erinnert man sich nun wieder besonders schmerzhaft an die Kindheitserlebnisse und versucht alles, damit das eigene Kind nicht dieselben Qualen erleiden muß. Man wird aber mit Worten wie »Laß dir doch nicht immer alles gefallen!« – »Nein, ich helf dir nicht, du mußt allein klarkommen!« – oder schlimmer und (hoffentlich) selten – »Du bist ein Jammerlappen, ewig läßt du dich fertigmachen!« nichts als weitere Entmutigung erreichen. Immer mehr Eltern ermöglichen ihren Kindern, zum Beispiel in Kindergruppen beizeiten das zu erwerben, was man heute »soziale Kompetenz« nennt.

MUTLOS UND UNTERDRÜCKT

Wesenszüge lassen sich nicht manipulieren!

Aus einem Sensibelchen kann man weder mit Schelten noch mit guten Worten einen Helden machen. Das heißt aber nicht, daß Eltern gar nichts tun können, um einem schwächeren Kind zu helfen. Das Kind sollte in eine Gruppe kommen, wo es Erfolgserlebnisse sammeln kann. Das kann eine Kindergartengruppe sein, in der es zu den ältesten gehört. Hier wird es von kleineren Kindern umworben, die es aufwertet, wenn sich ein größeres Kind zu ihnen »herabläßt« und mit ihnen spielt.

Deshalb ist es gerade für schwächere Kinder auch so wichtig, daß die Familie immer offen für Kontakte mit anderen Kindern, mit anderen Familien ist. Hier kann das Kind eine andere Konstellation von Macht und Ohnmacht erleben als im Zusammensein mit den hoffnungslos überlegenen Geschwistern.

Angsthasen kann man nicht umkrempeln, aber ermutigen

AUCH EIN HAUSTIER KANN HELFEN, das schwach ausgeprägte Selbstwertgefühl eines solchen Kindes zu stärken. Das hat eine amerikanische Studie bestätigt. Der Vier- oder Zweibeiner ist kein Rivale, sondern Freund, Gesprächspartner und Verbündeter in einem.

Die lieben Geschwister 75

V.

JEDES KIND IST ANDERS

Ein Kind lernt sich selbst kennen

Wer man ist, erfährt man zunächst in der Familie

Für viele Fachleute steht fest, daß jeder Mensch mit einer gewissen Persönlichkeitsstruktur auf die Welt kommt, daß aber die frühen Beziehungserfahrungen eine entscheidende Bedeutung haben. Wie gehen die wichtigsten Bezugspersonen (auch Geschwister) mit dem Kind um? Ist die Grundstimmung freundlich und heiter, oder unwirsch und deprimiert? Sind die Beziehungen von Offenheit, Stimmigkeit und Kontinuität gekennzeichnet oder von Verschlossenheit und Launenhaftigkeit? Ein Baby, dessen Signale von den Eltern und Geschwistern richtig interpretiert werden, erfährt, daß es sich verständlich machen kann, daß es seine Ziele meistens erreicht. Ein Baby, dessen Signale nicht aufgenommen oder falsch verstanden werden, wächst auf mit dem Gefühl, hilflos der Willkür anderer ausgeliefert zu sein.

> SELBSTERFAHRUNG geschieht durch Kommunikation mit anderen Menschen. Für das kleine Kind sind das zunächst nur die Eltern und die Geschwister. Die Eltern sind diejenigen, die ihren Kindern vermitteln, was sozial erwünscht ist und was weniger.

»Auf dem Hintergrund der elterlichen Ideale, Wünsche, Werte und Projektionen beginnen die kleinen Kinder, sich gegenseitig auf diese wünschenswerten oder abgelehnten Attribute zu ›beäugen‹. Jedes Kind achtet sehr genau auf die Merkmale, die die Eltern an ihm oder den Geschwistern besonders schätzen. Die Kinder beschäftigen sich im Stillen zunehmend mit den Unterschieden oder Ähnlichkeiten zu einem nahen Geschwister und festigen so immer mehr die persönliche Identität«, schreiben Stephan P. Bank und Michael D. Kahn in ihrem Buch »Geschwister-Bindung«.

Eltern steht es nicht zu, bei Geschwisterkonflikten immer »kurzen Prozeß« zu machen

Eine eigene Identität zu entwickeln und zu finden, wird Kindern schwer gemacht, die sich nicht streiten dürfen, ihre Konflikte nie austragen und lösen können. Konflikte müssen ausgetragen werden dürfen, damit die Kinder immer wieder spüren, wo sie stehen.

KEINE GLEICHMACHEREI

GUTE EIGENSCHAFTEN kann man nicht abschauen. Kinder wollen so angenommen werden, wie sie sind. Es tut ihnen weh, wenn sie sich immer wieder anhören müssen, wieviel geschickter, vernünftiger oder fröhlicher der Bruder oder die Schwester ist. Hält man ein Kind dem anderen als Beispiel vor Augen, verstärkt das die Geschwisterrivalität und schürt Aggressionen. Außerdem wirkt es sich sehr negativ auf das Selbstwertgefühl des »Benachteiligten« aus.

Gerechtigkeit: Gleichmacherei ist nicht gefragt

Mutter- und Vaterliebe sind keine einseitige Angelegenheit. Jedes Kind ruft – vom ersten Atemzug an – durch sein Wesen und sein Verhalten bestimmte Gefühle in uns Eltern hervor. Mit jeder Veränderung, die sich in unseren Kindern vollzieht, verändern sich auch unsere Gefühle für sie. Das ist gut so, denn nur auf diese Weise gehen wir auch ohne unser bewußtes Zutun auf ihre individuellen Bedürfnisse ein.

Wenn es um Gerechtigkeit geht, sind Kinder so empfindlich wie Seismographen

Das Unternehmen Gerechtigkeit ist täglich gefährdet durch den enervierenden Konkurrenzkampf unter den Geschwistern, dieses ständige Fighten um Platz 1 in der Elterngunst. Allzu schnell ergreift man da Partei für das schwächste Kind. Und das empfinden die anderen Kinder mit Recht als ungerecht. Denn auch »das Schwächste« hat seinen Anteil am Geschehen, vielleicht indem es längst gelernt hat, Profit aus seiner Rolle zu schlagen. Es zettelt einen kleinen Disput an, und schon hat es die Eltern auf seiner Seite.

»Aber du bist doch schon so groß!«

Gerechtigkeit muß sich an der Reife und den Fähigkeiten eines Kindes orientieren. Man kann von einem Sechsjährigen ein sehr viel »vernünftigeres« Verhalten erwarten als von einem Dreijährigen. Die englische Geschwisterforscherin Judy Dunn hat in ihren Untersuchungen

V. JEDES KIND IST ANDERS

Viele Kinder empfinden schon den bloßen Altersunterschied als Ungerechtigkeit

festgestellt, daß Mütter einen sehr konsistenten Erziehungsstil haben, der der Entwicklungsstufe der Kinder angemessen ist.

Aber: Für das ältere Kind entsteht dadurch der Eindruck, ungerecht behandelt zu werden, weil sich die Mutter ihm gegenüber nicht so »turtelnd«, so nachgiebig und so aufmerksam verhält wie sie es mit dem Baby tut.

Im Alter zwischen zwei und drei Jahren wollen die meisten Kinder alles »alleine!!!« machen. Doch gleichzeitig müssen sie erleben, daß das kleine Geschwister gar nichts alleine macht. Statt dessen darf es spucken und matschen. Tut dies aber das größere Kind, werden Vater oder Mutter sauer. Das muß das Kind als ungerecht empfinden. Deshalb sollten Eltern nachsichtig sein, wenn es ab und zu wieder »rückfällig« wird.

Umgekehrt muß ein kleineres Kind manchmal den Eindruck haben, das größere Kind habe so ziemlich alle Rechte gepachtet. Es darf schon den Fotoapparat halten, es darf allein zum Bäcker gehen, es darf sich schon selbst den Saft eingießen. Natürlich wird man in vielen Situationen den Kleinen mit einem klaren »Nein« bescheiden müssen, aber man sollte nicht jeden Versuche mit einem »Das kannst du noch nicht!« im Keim ersticken. Man könnte zum Beispiel sagen: »Komm, wir machen das miteinander…« Dann bekommt das Kind nicht das Gefühl, daß Kleinersein etwas Negatives ist.

Ab und zu sollte das ältere Kind mal wieder »klein« sein dürfen

Es wäre gut, wenn man den Kindern Verständnis zeigt und ihnen sagt, daß Ältersein mal schwierig und mal schön ist. Eventuell lohnt es sich auch, sich selbst ein wenig zu beobachten, denn das Anleiten zur Selbständigkeit kann nämlich zu einem permanenten Mahnen ausarten: »Räum doch bitte deine Brotzeit-Tasche weg! Laß doch nicht schon wieder deine Schuhe liegen! Stell doch bitte deinen Teller zum Spülbecken! Laß doch nicht immer deine Zahnbürste liegen!«. Kein Wunder, daß ein Kind das Ältersein dann eher als Nachteil empfindet. Kein Wunder auch, wenn es eine Tages »auf Durchzug« stellt, wenn man keinen Ausgleich in Form von Vorrechten schafft.

... UND MAN BEVORZUGT DOCH

Eltern haben beste Vorsätze, ihre Liebe gleichmäßig zu verteilen, aber das gelingt ihnen nicht immer

> DAS IST UNGERECHT (zumindest in den Augen des Größeren): Wenn es allein aufräumen soll, während man sich dem Kleineren zuwendet und mit ihm spielt. Es soll zumindest den Anschein haben, als leiste das kleinere Kind seinen Beitrag. Dazu kann man schon sehr kleine Kinder spielerisch motivieren, z. B.: »Nun wirf doch diesen gelben Stein in den Korb!« Zweijährige können schon »aufräumen«, indem sie alle Gegenstände vom Fußboden aufheben und in das Regal oder ein Behältnis legen.

... und man bevorzugt doch!

Elterliche Gerechtigkeit – eine Errungenschaft des 20. Jahrhunderts? Verglichen mit der Denkweise früherer Jahrhunderte können wir uns sicher auf die Schulter klopfen. Doch auch wir fortschrittlichen, »sanften« Eltern bevorzugen und benachteiligen – und merken es nicht. Kinderärzte erleben zum Beispiel, daß das eine Kind bei einem kleinen Hüsterchen bereits in die Praxis gebracht wird, während beim Geschwister weniger zimperlich verfahren wird. Scheinbar halten die Eltern ein Kind für robuster als das andere. Vielleicht war die Konstitution bei der Geburt schon sehr unterschiedlich, und die Eltern haben es so beibehalten, daß man sich um »das Zarte« mehr kümmern muß.

»Favoritentum gibt es in jeder Familie«, schreiben die amerikanischen Psychologen Stephan P. Bank und Michael D. Kahn in ihrem Buch »Geschwister-Bindung«. Das sei auch nicht weiter schlimm, wenn man Kinder wegen bestimmter Eigenschaften in bestimmten Entwicklungsphasen bevorzuge. Was die Familienharmonie allerdings störe, sei die Zuschreibung einer Favoritenrolle, die nicht der Wirklichkeit entspricht. Das favorisierte Kind ist überfordert, und die anderen Kinder spüren, daß da eine echte Benachteiligung stattfindet. Kontakt nach außen – mit anderen Familien beispielsweise – entzieht einem ungünstigen Favoritentum den Boden. Auch das »Recherchieren« in der eigenen Lebensgeschichte kann unbewußte Bevorzugung erklären. So fühlen sich Eltern besonders zu dem Kind hingezogen, das denselben Platz in der Geschwisterreihe einnimmt wie sie früher.

Eltern sollten sich Mühe geben, die besonderen Neigungen jedes Kindes aufzuspüren

V. JEDES KIND IST ANDERS

Jedes Kind auf seine Weise zu lieben – das ist elterliche Gerechtigkeit

Zweifellos ist es schwer, sich als Eltern einzugestehen, daß man sich mit einem Kind lieber und intensiver befaßt als mit dem anderen. Trotzdem sollte man den Mut aufbringen, darüber nachzudenken: Habe ich das Gefühl, daß das Leben mit dem einen Kind besonders schön ist, daß ich mit diesem einen so besonders gut auskomme? Kann es sein, daß ich das andere Kind etwas aus den Augen verloren habe, weil ich mich zu wenig mit ihm beschäftigt habe?

Jedes Kind soll regelmäßig einen Elternteil für sich allein haben und dabei spüren: Mami/Papi ist voll bei mir – auch wenn wir keinen so guten Draht zueinander haben.

WICHTIGES LOB

Heute schon gelobt?

Jedes Entwicklungsschrittchen eines Kleinstkindes wird mit Applaus gefeiert, das erste selbständig gelegte Puzzle ist Gesprächsthema des Tages. Wo bleibt da das größere Kind, dessen Entwicklung nun nicht mehr so rasant vonstatten geht, daß man jede Woche einen neuen Erfolg verbuchen kann?

Jedes Kind sollte jeden Tag mit einem Lob ins Bett gehen. Dazu muß man bei größeren Kindern vielleicht etwas genauer hinsehen. Hat er/sie heute nicht besonders gründlich Zähne geputzt? Ist er/sie heute nicht auf die Minute pünktlich vom Spielplatz heimgekommen? Hat er/sie sich nicht heute unaufgefordert bei seinem Geschwisterchen entschuldigt?

Manchmal muß man auch Lob-Gelegenheiten schaffen, das Kind zu einer »Leistung« anregen, beispielsweise etwas zu basteln. Wenn man das vorher mit ihnen geübt hat, können sie allein ihren Freund anrufen, allein ein Geschenk verpacken oder allein in den Keller gehen und etwas aus dem Tiefkühlschrank holen.

Größere Kinder zu loben, ist schwieriger, denn sie durchschauen schnell, wenn das Lob nicht ehrlich war. Wenn man rasch ein Lob »nachschiebt«, weil man eben das kleinere Kind gelobt hat, fühlt sich das größere Kind nicht ernstgenommen. So ein Lob-Rundumschlag (»Ja, du hast das ja auch ganz toll gemacht!«) ist zwar praktisch, aber man wird dem Kind als Individuum damit nicht gerecht.

Nur echtes Lob tut Kindern gut. Ein routinemäßiges »Toll!« wird schnell durchschaut und als Zeichen von Gleichgültigkeit empfunden

GERECHTIGKEIT HEISST, jedes Kind zu lieben, wie es ist. Nur durch individuelle, seine Wesensart würdigende Gerechtigkeit kann ein Kind ein Gefühl dafür entwickeln, etwas Besonderes, etwas Einzigartiges zu sein. Elterliche Gerechtigkeit heißt deshalb, die ureigene Persönlichkeit eines jeden Kindes zu entdecken und zu respektieren, sich in sie hineinzufühlen und sie liebevoll zu begleiten und zu fördern.

VI. Nervtöter Streit

Streit dient der Selbstbehauptung und ist immer auch ein Zeichen von Lebendigkeit. Kinder, die niemals streiten, sind zutiefst verängstigt und brauchen Hilfe

VI.

NERVTÖTER STREIT

Geschwisterrivalität ist ein Naturgesetz, denn jedes Kind kämpft um die ungeteilte Liebe der Eltern. Für jedes Kind ist die elterliche Liebe existentiell: Es braucht sie zum Überleben und Gedeihen, zur Persönlichkeitsentwicklung und zur Entdeckung der eigenen Identität. Jedes Geschwisterkind ist da eine Bedrohung, denn es nimmt etwas von dieser Liebe. Vielleicht nur ein kleines Stück, vielleicht aber auch ein großes – vielleicht aber, so die Angst eines Kindes, auch alles …

Warum uns Dissonanzen so erschrecken

Viele Eltern sind – trotz eigener Geschwistererfahrung – nicht auf die Feindseligkeit vorbereitet, die unter ihren Kindern herrschen kann. Es gibt nicht wenige Eltern, die sich für die Auseinandersetzungen ihrer Kinder verantwortlich fühlen. Dazu ein Zitat aus dem Buch »Hilfe, meine Kinder streiten!« (Adele Faber/Elaine Mazlish, Verlag Droemer-Knaur): »Jedesmal, wenn sie brav miteinander gespielt haben, war ich in Hochstimmung. Ich dachte: ›Da! Sie mögen sich also doch. Ich bin eine wunderbare Mutter.‹ Und jedesmal, wenn sie gestritten haben, dachte ich verzweifelt: ›Sie hassen sich, alles ist meine Schuld!‹ Es war einer der schönsten Tage meines Lebens, als ich endlich diesen ›Gute-Freunde‹-Traum aufgab und ihn durch ein realistischeres Ziel ersetzte.«

Kann man Streit vorbeugen?

Wenn Kinder viel streiten, sollten Eltern über sich selbst nachdenken

Weg mit der unrealistischen Vorstellung, daß unter Geschwistern immer Friede, Freude, Eierkuchen herrschen müsse und daß Eltern an jedem Streit der Kinder Schuld tragen! Trotzdem lohnt es sich, einmal darüber nachzudenken, ob man durch das eigene Verhalten nicht doch gelegentlich als Streitförderer fungiert. Da gäbe es verschiedene Möglichkeiten:

- Die Eltern halten ein Kind dem anderen als Vorbild vor Augen. Beispiel: »Der Tommy quengelt doch auch nicht so viel wie du!« oder »Kannst du denn das Bilderbuch nicht auch so ordentlich umblättern wie Patricia?«, aber auch »Du kannst ja schon so toll Schuhe binden – das kannst du mal dem Lukas zeigen!« Solche Vergleiche tun weh, und für den erlittenen Schmerz rächt man sich an dem vorbildlichen Geschwister.

ANGST VOR DISSONANZEN

- Die Eltern bevorzugen ein Kind besonders, beschäftigen sich mehr mit ihm, gehen liebevoller mit ihm um (weil es umgänglicher, talentierter, kooperativer ist oder sonst einen echten oder vermeintlichen Vorzug hat). Das andere Kind fühlt sich zurückgesetzt und gibt dem Günstling Saures – zum Ausgleich!
- Eltern sind parteiisch, halten immer nur zu dem Kind, das in ihren Augen das Unterdrückte ist. Wenn man nie versucht, den Sündenbock-Opferlamm-Mechanismus zu hinterfragen, kann es passieren, daß man einen Konflikt schürt.
- Eltern setzen ihre Kinder unter Druck, benutzen in der Erziehung häufig das Mittel Liebesentzug (»Wenn du jetzt nicht sofort aus der Wanne kommst, schau ich dich nicht mehr an!«) oder die Masche mit dem Traurigsein (»Wenn du jetzt nicht brav ins Bett gehst, wird die Mami ganz traurig sein!«). Kinder reagieren hier schon ganz wie Erwachsene und gehen bedrohlichen Dingen aus dem Weg. Also tun sie, was man von ihnen verlangt – aber attackieren hinterher aus lauter unterdrückter Wut das Geschwister.
- Häufiger Streit kann auch einen Erziehungsstil widerspiegeln, der hauptsächlich auf der elterlichen Macht und Überlegenheit basiert (»Du tust, was ich dir sage, und damit basta! Keine Diskussionen!«). Wenn Eltern sich für unfehlbar halten, und ihren Kinder damit keine Chance geben, auch mal an ihrem Lack zu kratzen, können sich diese leicht ohnmächtig fühlen. Und Ohnmacht macht wütend.
- Die Kinder haben zu wenig Platz, kommen sich ständig ins Gehege. Die deutschen Kinderzimmer sind bekanntlich nicht gerade reichlich bemessen. Manche Eltern sind schon auf die Idee gekommen, Schlafzimmer gegen Kinderzimmer zu tauschen. Stockbetten (wenn das Alter der Kinder es schon erlaubt) sparen Platz. Notfalls kann man auch das Zimmer mit Hilfe eines Vorhangs teilen. Und warum sollten Kinder nicht auch im Wohnzimmer spielen dürfen?
- Die Kinder haben kein eigenes Spielzeug, müssen sich immer aus der Gemeinschaftskiste bedienen, weil sie ja teilen lernen sollen. Der Gedanke, Kinder müßten das von Geburt an, ist zwar idealistisch, geht aber weit an der menschlichen Realität vorbei (mehr dazu im Kapitel »Fürs Leben lernen«, ab Seite 55). Es muß einige Spielsachen und Plüschtiere geben, die einem Kind allein gehören. Gleich aussehende Spielsachen (z. B. Mundharmonika, Sandförmchen) sollte man markieren, damit die Besitzverhältnisse im Streitfall schnell geklärt werden können.
- Die Eltern haben übersehen, daß das kleinere Geschwister längst begonnen hat, das größere zu provozieren und ihm Dinge wegzu-

Wenn Menschen sich nicht mehr streiten, haben sie sich ein Stück weit aufgegeben

Mancher Streit läßt sich vermeiden, wenn man ihm die Basis nimmt

VI.

NERVTÖTER STREIT

nehmen. Wenn die Eltern dem größeren Kind nicht gezeigt haben, wie es sich angemessen gegen die Übergriffe des kleineren wehren kann, lassen ungute Auseinandersetzungen nicht lange auf sich warten.

- Die Eltern durchschauen die Entstehung des Konflikts nicht. Ein Kind kommt wegen jedem kleinen Knuffer des anderen heulend angelaufen, als sei ihm ganz übel mitgespielt worden. In Wahrheit hat es nur ein Ziel: sich in Mitleid und Trost der Eltern zu baden und schadenfroh auf den Zusammengestauchten herabzuschauen.
- Geschwisterstreit kann auch signalisieren: Kümmert euch um uns! Wenn die elterliche Aufmerksamkeit und Zuwendung mit keinem anderen Mittel so zuverlässig zu erreichen ist wie mit Streit, greifen die Kinder eben zu diesem Mittel. Es ist sicher richtig, daß man »friedlich« spielende Kinder mit dem ewigen Nachsehen, ob auch alles in Ordnung ist, stört. Aber es ist eben auch nicht richtig, sich gar nicht blicken zu lassen. Wenn man das Gefühl hat, daß die Kinder gerade nicht so sehr ins Spiel vertieft sind, kann man sich mit ins Kinderzimmer setzen und Interesse zeigen (»Na, was macht ihr denn gerade?« – »Ui, was habt ihr denn da Tolles aufgebaut!«).
- Wenn die Kinder in schönster Harmonie miteinander spielen, sollte man sich eines Kommentars à la »Na siehste, es geht doch« enthalten. Darin versteckt ist die Erwartung, daß das nun immer so geht. Und Erwartungsdruck hat schon manchem Kind die gute Laune verdorben. Irgendwann später kann und sollte man das schöne Zusammenspiel jedoch lobend erwähnen.
- Aber auch ein konfliktvermeidendes Verhalten kann Streit fördern: Wenn Eltern schon beim kleinsten Vorgeplänkel als Vermittler auf den Plan treten und zu schlichten versuchen. Oft können diese Eltern selbst keine Konflikte austragen, haben Angst vor jeder Form von Aggression und kehren gerne alles unter den Teppich. Die Eltern nehmen ihren Kindern dadurch »ihr angeborenes Recht auf die Lösung ihrer eigenen Konflikte – ein wesentlicher Bestandteil jeder Geschwisterbeziehung« (Stephen P. Bank und Michael D. Kahn).

Wo jede Auseinandersetzung im Keim erstickt wird, fliegen die Fetzen oft am schlimmsten

86 Die lieben Geschwister

ELTERNSTREIT

Geschwisterstreit = Elternstreit?

Auseinandersetzungen gehören zu jeder guten Beziehung, ewiges Stänkern ist dagegen ein Zeichen dafür, daß irgendwo der »Wurm« drin ist. Viele Experten sind der Auffassung, daß Zanksucht auf ein schlechtes Familienklima zurückzuführen sei.

Doch was bedeutet »schlechtes Familienklima«? Dürfen Eltern sich nicht streiten? Ganz im Gegenteil! Es ist für die Kinder und ihre Beziehung zueinander sogar ausgesprochen wichtig, zu erleben, daß Vater und Mutter auch Konflikte miteinander haben, und daß sie diese austragen. Wenn die Eltern eine »Streitkultur« haben, d.h. in ihren Auseinandersetzungen nicht verletzend werden und sich danach nicht tagelang anschweigen, geben sie den Kindern ein gutes Vorbild.

Eltern, die sich niemals streiten, sind ein schlechtes Vorbild

Anders ist das in den Elternbeziehungen, in denen alle Probleme totgeschwiegen werden. Kinder spüren wie kleine Seismographen die unausgesprochenen Spannungen zwischen den Eltern und müssen sich auf ihre Weise Luft machen. Das kann bedeuten: Kinder streiten für ihre Eltern. Wenn die Partnerschaft keine Erfüllung mehr bringt, wendet sich nicht selten ein Elternteil (meist die Mutter) einem ihrer Kinder zu, benutzt es gleichsam als Partnerersatz. Damit ist das Kind natürlich überfordert, aber auch die Geschwisterbeziehung. Dieses Kind tritt aus der Geschwisterreihe hervor, hat einen Sonderstatus und wird mit ziemlicher Gewißheit von den Geschwistern gemieden oder drangsaliert werden.

Streit nervt auch deshalb so, weil er an unsere eigenen unausgesprochenen Konflikte rührt

»WEGEN DER KINDER« bleibt so manches Elternpaar, das sich nicht mehr versteht, zusammen. Wenn man etwas »wegen der Kinder« tun möchte, dann sollte dies eine Eheberatung oder Paartherapie sein. Denn eine desolate Elternehe nützt den Kindern nichts, sie schadet ihnen und ihrer Beziehung zueinander nur.

Wenn die Kinder viel streiten, muß das aber nicht generell eine Uneinigkeit zwischen den Eltern widerspiegeln. Ganz im Gegenteil: Die Eltern können sich einig sein, daß ein Kind immer der Sündenbock

Die lieben Geschwister

VI.

NERVTÖTER STREIT

Wenn Eltern immer dasselbe Kind für Streit verantwortlich machen, säen sie neuen Zwist

ist. Es kann dies das älteste sein, dem man völlig unangemessene Vernunft abverlangt, es kann aber auch das jüngste sein, das vielleicht nicht mehr so ganz eingeplant war.

Wenn Streit in der Luft liegt

Mancher Streit läßt sich vermeiden, wenn man die Signale richtig deutet. Man muß deshalb nicht ständig in der Nähe der Kinder sein, sondern entwickelt mit der Zeit ein Gefühl dafür, wann sich eher Konflikte anbahnen und wann in der Regel alles glatt geht. Kinder brauchen ihren Freiraum, aber die Eltern stecken dieses Feld ab. Wenn man spürt, daß Streit in der Luft liegt (die Kinder sind übellaunig, haben schlecht geschlafen o. ä.), sollte man sich nicht ausblenden (etwa, weil der Haushalt ruft). Es gibt viele Möglichkeiten, etwas »Entspannungspolitik« zu betreiben:

Mit Spielangeboten kann man Kinder von Krisen ablenken

- Man kann eine Beschäftigung anregen, bei der alle mitmachen können und die die volle Konzentration erfordert, beispielsweise Malen oder Basteln. Malen können Kinder praktisch schon ab einem Jahr. Wir setzen uns dazu in die Küche, denn da ist so ziemlich alles abwaschbar. Für spontane Basteleinfälle haben wir eine Kiste, in der Buntpapier, Wollfäden, Kinderscheren, Klebstoff, Glitzeraufkleber und viele andere Schätze zu finden sind. Bastelarbeiten sind aber erst für Kinder ab $2^{1}/_{2}$ bis 3 Jahren sinnvoll, weil die Eltern sonst zu viel helfen müssen und die Kinder schnell den Mut und die Lust verlieren.
- Noch eine Möglichkeit, die auch schon für sehr kleine Kinder geeignet ist: Tanzen. Zu Musik-Cassetten oder -CDs tanzt jeder so, wie er kann. Wenn Mutter oder Vater mitmachen, ist es besonders lustig. Um das Ganze noch interessanter zu machen, bekommt jeder ein Tuch in die Hand (entweder aus Mutters Kleiderschrank oder aus dem Kaufhaus). Dieses Tuch kann man mittanzen lassen. Mitsingen macht die Freude komplett, erweckt das Wir-Gefühl zu neuem Leben.

Eine gereizte Atmosphäre sollte man möglichst beizeiten entschärfen

- Kinder sind zu bestimmten Tageszeiten müde und hungrig und deshalb besonders leicht reizbar. Zu diesen Zeiten ist die Hausfrau/der Hausmann meistens gerade mit dem Zubereiten der Mahlzeit beschäftigt, kann also jetzt keine Spielangebote machen. Hilfreich kann in diesen Situationen eine kleine »Vorspeise« sein, z. B. ein Glas Milch, eine Banane, ein Apfel, ein paar Nüsse etc. Das verdirbt nicht den Appetit (und wenn doch, dann ist das auch keine Katastrophe!), hellt aber meistens die Stimmung etwas auf.

STREIT-BLOCKER

- Wenn es nicht der Hunger ist, dann hilft vielleicht dieses Spielangebot: Man stellt den Puppenherd nebst Kochgeschirr in die Küche, Zeitungspapier drunter, und dann bekommt jedes Kind ein Döschen mit ausrangierten Gewürzen in die Hand und kann loslegen.
- Kinder müssen täglich einmal vor die Tür! Auch der Mutter tut es gut, wenn sie einmal etwas anderes als ihre vier Wände sieht. Man macht sich vielleicht ein bißchen hübsch, trifft andere Leute, wechselt hier und da ein paar Worte – und kommt mitsamt der lieben Kinderschar wie ausgewechselt nach Hause zurück.
- »Welches Spielzeug möchtest du mitnehmen?« Vor dem Gang in die Badewanne oder vor einer längeren Autofahrt sucht sich jedes Kind ein Spielzeug aus, damit schon im Vorfeld geklärt ist, was wem »gehört« (späterer Tausch nicht ausgeschlossen).
- Für Wochenenden, für die der Wetterbericht nichts Gutes verheißt, sollte man sich rechtzeitig wappnen, z.B. eine befreundete Familie einladen. Schon die Vorbereitungen für den Besuch heben die Stimmung. Und wenn dann die andere Familie da ist, sind die Kinder nicht selten stundenlang mit ihren Gästen beschäftigt, so daß überhaupt keine Zeit für Zankereien bleibt.
- Die schlimmsten Streit-Tage sind die (Werk-) Tage, an denen es von morgens bis abends wie aus Eimern schüttet. Der Isolation kann man dennoch entgehen, wenn man mit einer befreundeten Mutter mit Kindern im gleichen Alter eine Initiative »Regentag« macht. An Tagen, an denen man sich kaum am Spielplatz aufhalten konnte, gingen meine Kinder zu Familie B. oder deren Kinder kamen zu uns. Das bedeutet, daß mal die eine Mutter fünf Kinder um sich

Rausgehen, andere Leute sehen, ist quasi ein Patentrezept gegen Streit und Frust

VI.

NERVTÖTER STREIT

Manchmal hilft nur die vorübergehende räumliche Trennung

Kleine Kinder brauchen die Eltern noch als Vermittler

hatte, mal die andere. Keine Sorge: Mit fünf Kindern, die nicht alle miteinander verschwistert sind, geht es oft wesentlich besser als mit dreien, die alle aus demselben Bauch stammen.

- Eine räumliche Trennung der beiden, drei oder vier Streithähne kann sehr segensreich sein. Eine Mutter von drei Töchtern (6, 4, 3) rät: »An solchen unsäglichen Tagen verbanne ich jede in ihr Zimmer und stelle einen Wecker in den Flur. Nach einer halben Stunde läutet er. Das ist das Signal, daß alle wieder herauskommen dürfen. Geht der Streit wieder los, fangen wir das Spiel von vorne an.« Für Familien, in denen nicht jedes Kind sein eigenes Zimmer hat, gäbe es auch eine andere Lösung: Das größere Kind geht nach draußen. Wenn ein Spielplatz günstig (ohne vielbefahrene Straße dazwischen) gelegen ist oder gar zum Wohnkomplex gehört, sind viele Vier- bis Fünfjährigen schon daran gewöhnt, allein dorthin zu gehen.

Wann muß man eingreifen, wann sich raushalten?

Kleine Kinder sind oft noch nicht in der Lage, ihre Konflikte allein zu lösen. Besonders in der Phase, in der das jüngere Kind noch sehr wenig verständig ist, durch die Spiel-Arrangements seines Geschwisters krabbelt, nach allem grapscht oder auch etwas kaputtmacht, ist das größere Kind in einer Ohnmachtsposition. Die älteren Kinder werden da sehr oft überfordert und von den Eltern alleingelassen. Diese müssen hier Brücken bauen, gemeinsame Spiele anregen, dem Größeren Verständnis entgegenbringen und auch dem Jüngeren Grenzen setzen.

Konfliktlösung lernt man ein Leben lang

Auch wenn sich noch sehr kleine Kinder (bis zu zwei Jahren) in den Haaren haben, muß man vermittelnd tätig werden. In diesem Alter können die Kinder noch nicht von selbst eine Einigung erzielen, das wollen sie ja gerade erst lernen. Alles ist »meins«. Der Vermittler muß viel Geduld haben, denn in dieser Altersstufe liegt auch die Trotzphase, und es kann passieren, daß man mit seinen Vermittlungsversuchen ins Wespennest sticht.

EINGREIFEN ODER NICHT?

Je älter die Kinder sind, und je mehr Erfahrung sie miteinander haben, um so mehr können sich Eltern im Konfliktfall raushalten.

Bei größeren Kindern gilt: raushalten, aber nicht wegschauen

Raushalten heißt aber nicht: »Das geht mich nichts an! Macht euren Kram untereinander aus!« Wenn Eltern sich raushalten, indem sie einfach ihre Zeitung weiterlesen, unbeteiligt einer Beschäftigung nachgehen, kann das sogar eine konfliktverstärkende Wirkung haben. Denn Kinder fühlen sich jetzt alleingelassen und überfordert, wenn sie mit einem Streit nicht fertig werden. Falls die Kinder keine Lösung finden, immer erregter werden, kann das auch in Aggressivitäten umkippen, die vermeidbar wären.

Die hilfreichste, aber auch schwierigste Haltung: Man ist innerlich voll bei der Sache, nimmt die Signale der Kinder auf, ohne von sich aus einzugreifen. Man zeigt den Kindern, daß man da ist, daß man sieht, was geschieht, und daß man ansprechbar wäre, sollte eine Hilfestellung erforderlich sein. Denn alle Kinder wollen, daß sie von den Eltern in ihrer Position gesehen werden.

»Mama, schau, ich bin brav, der andere ist bös'!«

Eine eindeutige Aufforderung, sich einzumischen, ist das Petzen. Kinder, die petzen können, sind in der Regel auch alt genug, um einen Streit auszutragen, ohne Mutter und Vater zu bemühen. Man kann zwar nachfragen »Und dann hat er dir auf den Fuß getreten?« oder »Ja, was möchtest du denn jetzt tun?«, aber man sollte sich nicht dazu hinreißen lassen, Partei zu ergreifen. Wie es wirklich war, steht in den Sternen.

Vorsicht! Wer Partei ergreift, ist fast immer ungerecht

»Mama, der ärgert mich!« ist ebenfalls eine unmißverständliche Aufforderung, sich einzumischen. Mit der Feststellung »Vielleicht möchte er mitspielen« kann man dem Kind oft eine neue Perspektive eröffnen. Wenn das nicht hilft, kann man sich erzählen lassen, wie die Sache denn zugegangen ist, um dem Kind zu signalisieren, daß man es in seinem Kummer ernst nimmt.

In manchen Momenten gehen sich die Kinder aber auch schlicht und einfach auf die Nerven. Geringste Anlässe genügen dann schon: »Der hat meinen Stuhl angefaßt!« – »Die hat mich so angeglotzt!« Ermahnungen fruchten rein gar nichts. Das sind die Situationen, in denen man tief durchatmen und zusehen sollte, daß man die Brut für einen Spaziergang oder fürs Bett fertig macht.

VI.

NERVTÖTER STREIT

Vorsicht bei Strafen

Einen Streithahn zu bestrafen, ist immer ein gefährliches Unterfangen, weil man seine Motive nicht versteht, weil man vielleicht die Vorgeschichte zu dem Zusammenstoß nicht kennt oder nicht einmal den Tathergang miterlebt hat. Außerdem: Wenn wir ehrlich zu uns sind, so strafen wir meistens aus Wut, Hilflosigkeit und Ohnmacht. Und nicht, weil wir glauben, daß uns die Strafe in der Erziehung auch nur einen Schritt weiterbringt.

EIN ERSATZ FÜRS STRAFEN wäre eine völlig unerwartete Reaktion der Mutter oder des Vaters. Ein Beispiel: Zum x-ten Mal hat sich das Älteste in das Spiel der Kleinen eingemischt und dabei ein allgemeines Unwetter heraufbeschworen. Es ist unbestritten, wer hier den Unfrieden gestiftet hat. Dazu Wolfgang Endres, Sozialpädagoge und Seminarleiter für Pädagogen sowie Autor des Buches »Geschwister ... sie haben sich zum Streiten gern« (Verlag Beltz): »Statt ihn nun auszuschließen, sollte man ihm eine Aufgabe übertragen. Wenn möglich sogar in einer Führungs- d. h. Anführerrolle. So läßt sich störendes Verhalten in konstruktive Tätigkeit verwandeln.«

Selbstsichere Kinder brauchen weniger Streit

Streit anzetteln, da- mit endlich mal jemand aufmerksam wird ...

Wer unter mangelndem Selbstbewußtsein leidet, sucht Streit, um sich selbst immer wieder zu beweisen. Regelrecht streitsüchtige Kinder sind oft ganz arme Würmer: Sie wollen permanente Beachtung und Zuwendung und suchen diese durch provozierendes Verhalten zu erreichen.

Positives Verhalten – so die Erfahrung dieser Kinder – hat nichts gebracht. Betroffene Kinder sind meist sehr oft entmutigt worden und nun in diesen Teufelskreis geraten: Ihr herausforderndes, ja ekelhaftes Verhalten bringt ihnen auch nur wieder Ablehnung und Schelte ein.

SELBSTSICHERHEIT HILFT

Das Selbstwertgefühl eines Kindes baut sich nicht dadurch auf, daß man es häufig überschwenglich lobt. Viel wichtiger ist – das bestätigen auch Experten –, daß man dem Kind die Möglichkeit gibt, immer wieder über seine Gefühle zu sprechen. Auch über seine Gefühle zu den Geschwistern. Ein Kind muß sicher sein, daß es frei von der Leber weg erzählen darf, was es denkt und fühlt.

Die amerikanischen Kinder- und Familientherapeutinnen Adele Faber und Elaine Mazlish raten den Eltern, ihre Kinder immer spüren zu lassen, daß ihre Gefühle füreinander ernstgenommen werden. Hier drei Beispiele, wie man das Selbstwertgefühl von Kindern stärken kann:

- Nehmen Sie die negativen Gefühle gegenüber Geschwistern an, anstatt sie einfach abzutun (z. B. indem Sie bestätigen, daß dies wirklich ein Grund ist, sauer zu sein).
- Lassen Sie die Kinder in der Phantasie ausleben, was sie in der Realität nicht dürfen (z. B. das Baby ins Krankenhaus zurückschaffen).
- Helfen Sie Ihren Kindern, Aggressionen in symbolische oder kreative Bahnen zu lenken (z. B. ein Bild dazu malen, wie sich das verärgerte oder verletzte Kind gerade fühlt). Das fördert bei allen Kindern Empathie, d.h. die Bereitschaft und Fähigkeit, sich in andere Menschen hineinzudenken und -zufühlen.

Lassen Sie sich mal erzählen, was Ihr Kind am liebsten mit seinen Geschwistern machen würde

Was Kindern noch helfen kann: Bekenntnisse der Eltern über eigene Gefühle. Beispielsweise: »Wenn ich mich über Papi geärgert habe, möchte ich ihn zuerst auch auf den Mond schießen. Aber bald habe ich ihn wieder so lieb, daß es mir doch lieber ist, wenn er hierbleibt ...«

VI. NERVTÖTER STREIT

Zum guten Schluß: Streit ist so wichtig!

Man hat kleine Kinder in ihrer häuslichen Umgebung beobachtet, ohne daß sie sich beobachtet fühlten. Dabei hat sich herausgestellt, daß Raufereien eher die Regel als die Ausnahme sind. Die amerikanischen Psychologen Stephen P. Bank und Michael D. Kahn sagen dazu in ihrem Buch »Geschwister-Bindung«: »Bei der Rauferei zweier Kinder wird sichtbar, wieviel Körperkontakt dabei im Spiel ist. Der für das Überleben unumgängliche Kontakt ist in dem zugänglichen Geschwister unmittelbar vorhanden. Geschwisteraggression hat eine beruhigende, berechenbare Qualität: Die Reaktion auf Schubsen, Kneifen und Beleidigungen ist, wiewohl schmerzhaft, vertraut und berechenbar.«

Außerdem zwinge die Aggressivität unter Geschwistern die Beteiligten in eine Art »soziales Labor«, so die Autoren weiter. Dort lernen die Kinder, mit Konflikten umzugehen und sie zu lösen. Hilfreich ist dabei, daß die Geschwister einander so gut kennen, um zu wissen, welche Waffen der andere einsetzen wird. Und dieses Wissen um die eigene »Aggressionsklaviatur« und die der Geschwister fördere Kompetenz, Moral, Mut, Kreativität und Loyalitätsgefühle. Nach Auffassung dieser Experten brauchen Kinder »ein gewisses Maß aggressiver Interaktion« ohne die Einmischung der Eltern als notwendigen und sogar positiven Teil ihrer Geschwisterbeziehung. Wer hat es nicht schon erlebt, wie befriedigend (und neue Nähe stiftend) auch im Erwachsenenalter eine verbale Rauferei sein kann!

> **KONFLIKTE LÖSEN** – das lernt man nur durch Streiten. Eltern von kleineren Kindern sollten als Vermittler erreichbar sein, da Zwei- bis Dreijährige in Konflikten oft überfordert sind. Es geht nicht darum, den Streit zu beenden, sondern ihn zu verstehen. Verstandene Kinder sind verstehende Geschwister. Ein Kind, das auch Wut und gelegentliche Haßgefühle ausdrücken darf, entwickelt ein intaktes Selbstbewußtsein – getreu dem Motto »Ein Streit pro Tag hält den Psychiater fern!«.

Register

Abgeben 55f.
Aggressionen 23f.
Altersunterschied 78
Angst 23
Angsthase 63f., 75

Baby, Ankunft des 16
–, Vorbereitung auf das 13
Baby-Ersatz 27
Babypflege 26f.
Babysitter, Geschwister als 46f.
Babyverhalten größerer Kinder 24f.
Besuch 29
Bevorzugen 79f.

Dreierbeziehung 71

Eifersucht 33, 53
– bei Mädchen 38f.
–, verzögerte 38f.
–, verborgene 31
Eifersuchtsattacken 28f.
Einmischung der Eltern 90ff.
Einnässen 24f.
Elternliebe 22
Elternstreit 87
Erstgeborenes 40
–, »Geburtsvorbereitung« für 19
–, besondere Zuwendung 23
Erwartungen der Eltern 72f.
Extra-Würste 66

Familie 44f.
Familienatmosphäre 47
Familiensituation 43
Familienstil 60

Gefährdung des Babys 28
Gefühle 45, 52ff.
–, negative 54
Gelassenheit der Eltern 28f.
Genetische Faktoren 74
Genie 65
Gerechtigkeit 77–80
Gerechtigkeitsempfinden 43
Gereizte Atmosphäre 88f.
Geschlechterrollen 58

Geschlechtsspezifische Unterschiede 56–59
Geschwister, begabtes 65f.
–, ungeborenes 14f., 17
Geschwisterliebe 42f., 47ff.

Harmonie 42
Haushaltshilfe 14
Haustier 75
Hilfsangebote 26ff.
Hilfsbereitschaft 54f.
Hobbies 67
Horizontale Orientierung 62

Identität 76
Identitätssuche 43
Illusionen 13
Individualität 70–81

Jungen 58f.

Konfliktbewältigung 59f.
Konkurrenzkampf 77

Leistungsvergleich 41
Lob 66, 81

Mitgefühl 55
Mithilfe im Haushalt 27f.
Mutterinstinkt bei Mädchen 39

Partei ergreifen 91
Partnerersatz 87
Partnerschaft 44f.
Petzen 91
Phantasiegefährten 31f.

Raushalten 90ff.
Rivalität 43, 60, 84–94
Rollenverteilung in der Familie 61f.
Rücksicht 16

Schüchternheit 74
Schuldgefühle der Eltern 84
Schwächen 72f.
Schwangerschaft 12–19
Schwangerschaftsbeschwerden 14

Selbständigkeit des Erstgeborenen 23
Selbsterfahrung 76
Selbstsicherheit 92f.
Selbstwertgefühl steigern 93
Sensibelchen 74f.
Sonderstatus 66
Spielen 36, 40f.
Spielraum, persönlicher 70f.
Stammhalter 58
Stärken 72f.
Stiller Protest 31
Störenfried 36f.
Strafen 53, 92
Streit 59f., 84–94
– mit dem Baby 37
– vorbeugen 84ff.
–, Bedeutung 94
Streit-Blocker 88ff.
Sündenbock 63f.

Tadel 66
Talent 65
Teilen 55f.
Temperamentsunterschiede 70f.

Ultraschallbilder 14
Umgang mit dem Baby 27
Unsicherheit 23

Väter 18f., 32f.
Vergleichen 72f.
Verlierer, ewiger 64f.
Verlustangst 33
Vernunft 77
Versagensangst 41f.
Verständnis 36f., 48f.
Vertrautheit 45
Vorbild 72f.
Vorbildfunktion der Eltern 48, 54, 56, 59, 87
Vorfreude auf das Baby 17

Wut auf die Mutter 16f.
Wutanfall der Mutter 30

Zerstörungswut 16
Zweites-Kind-Schock 22f.

Alle lieferbaren Titel der Reihe Ratgeber Eltern aus dem Mosaik Verlag auf einen Blick:

Dr. Brigitte Beil
Das übergewichtige Kind
ISBN 3-576-11234-0

Elisabeth Fischer/Dr. Irene Kührer
Gesund essen in der Schwangerschaft
ISBN 3-576-11123-9

Andy Fumolo
Schlank und fit nach der Schwangerschaft
ISBN 3-576-10779-7

Ute Gerzabek
Richtig atmen für eine sanfte Geburt
ISBN 3-576-11198-0

Doro Kammerer
Frühchen brauchen Wärme
ISBN 3-576-11099-2

Doro Kammerer
Die lieben Geschwister
ISBN 3-576-11100-X

Doro Kammerer
Guter Rat für Zwillings-Eltern
ISBN 3-576-10685-5

Tina Kuckelmann
Körperpflege für Babys und Kleinkinder
ISBN 3-576-11024-0

Rita Lanz
Hebammen-Rat für Schwangere
ISBN 3-576-11025-9

Cornelia Nitsch/Cornelia von Schelling
Kindern Grenzen setzen – wann und wie?
ISBN 3-576-11076-3

Cornelia Nitsch
Trotzphase? – Nerven behalten!
ISBN 3-576-11097-6

Gerda Pighin
Kindern Werte geben – wann und wie?
ISBN 3-576-11127-1

Vera Sandberg
Das überaktive Kind
ISBN 3-576-11217-0

Margarethe Schindler
Kinder loslassen – wann und wie?
ISBN 3-576-11279-0

Peter Walker
Babymassage
ISBN 3-576-11163-8

Vivian Weigert
Schlaf, Baby, schlaf
ISBN 3-576-11023-2

Vivian Weigert
Stillen – Die schönste Zeit mit dem Baby
ISBN 3-576-11098-4

Vivian Weigert
Warum schreit mein Baby?
ISBN 3-576-11233-2

Dr. Renate Zeltner
Was Babys und Kleinkindern schmeckt
ISBN 3-576-11146-8

Jeder Band hat 96 Seiten und ist durchgehend farbig illustriert.

Erhältlich überall dort, wo es Bücher gibt.